Die Deutsche Gemeindeordnung

Textausgabe

mit der amtlichen Allgemeinen und Einzelbegründung

Herausgegeben von

M. Schattenfroh

Ministerialrat

im Reichs- und Preußischen Ministerium des Innern

1935

München, Berlin, Leipzig

J. Schweitzer Verlag (Arthur Sellier)

Druck von Dr. F. P. Datterer & Cie., Freising-München.

Inhaltsverzeichnis.

Einführung[1]).

Die Selbstverwaltung der deutschen Gemeinden hat sich in dem Jahrzehnt vor der Machtübernahme in einer schweren, steigenden Krise befunden. Neben der wirtschaftlichen Bedrängnis der Zeit trat gerade auf kommunalpolitischem Gebiet der allgemeine Zerfall des liberal-demokratischen Staates immer stärker zutage. Dazu kam, daß der Gesetzgeber in der Verwaltungsform der Gemeinden der völligen Umschichtung des Volks- und Wirtschaftskörpers nicht gefolgt ist; es wurde lediglich die parlamentarisch-demokratische Grundanlage immer wieder abgewandelt und deren Unzulänglichkeit von Stufe zu Stufe gesteigert. Diese Mängel wirkten sich in der Zeit der Blüte nicht so offensichtlich aus; die wachsende Notlage aber ließ sie, vor allem bei ihrer unmittelbaren Auswirkung auf die Bürger, klar und fühlbar hervortreten.

So übernahm der neue Staat die deutschen Gemeinden in einer organisatorischen und stärksten finanziellen Zerrüttung. In Preußen allein waren über 600 Staatskommissare eingesetzt. Eine große Reihe von Städten konnte ihre Zahlungsfähigkeit nur notdürftig mit Reichs- und Staatshilfe aufrecht erhalten. Innere Spannungen und Gegensätze vermochten die Gemeinden immer weniger auszugleichen.

Entsprechend seiner grundsätzlich positiven Einstellung zur gemeindlichen Selbstverwaltung folgerte aber der nationalsozialistische Staat aus diesen Zuständen nicht etwa die Beseitigung der gemeindlichen Selbstverwaltung, sondern unternahm es unverzüglich, zunächst durch eine Reihe von Einzelmaßnahmen den Gang der Verwaltung wieder zu ordnen und die allmähliche

[1]) Amtliche Begründung zur Deutschen Gemeindeordnung (Allgemeiner Teil).

finanzielle Gesundung der Gemeinden einzuleiten. Ersterem dienten insbesondere die Gleichschaltungsgesetze, die neue Männer in die Verwaltungsstellen der Gemeinden brachten und damit auch dem nationalsozialistischen Gedankengut Eingang in die Verwaltung der Gemeinden verschafften, und die Wiederherstellung eines lauteren Berufsbeamtentums. Die Grundlage für die finanzielle Gesundung der Gemeinden wurde geschaffen durch bedeutsame Maßnahmen zur Behebung der Arbeitslosigkeit und Wiederbelebung der Wirtschaft sowie durch Entstrickung der Gemeinden aus der besonders bedrohlichen Gefahr ihrer kurzfristigen Verschuldung. Gleichzeitig versuchten die einzelnen deutschen Länder, die Struktur der Gemeindeverwaltung den Grundgedanken der neuen Staatsführung anzugleichen. Vor allem griff das preußische Gemeindeverfassungsgesetz vom 15. Dezember 1933 den Fragenkreis in seinem vollen Umfang auf und bereitete damit den Boden für die einheitliche Neuregelung des Gemeindewesens im ganzen Reiche. Auf Grund der so in den Ländern gemachten Erfahrungen geht nunmehr das Reich daran, den deutschen Gemeinden in einem umfassenden Gesetz die endgültig neue Lebensgrundlage im neuen Staate zu geben.

Der staatspolitische Sinn und Gehalt der Selbstverwaltung der Gemeinden wird bejaht: Die unterste, volksnächste Stufe der öffentlichen Verwaltung im Staate soll unmittelbar aus dem Volk selbst herauswachsen. Die eigenverantwortliche Erfüllung der örtlichen Aufgaben durch die Gemeinden, gestützt auf die vertrauten Kenntnisse, bereiten Kräfte und auf das unmittelbare Interesse der Bürger an der örtlichen Gemeinschaft, wird für die einzig mögliche Regelung erachtet; sie macht gleichzeitig den Staat für überörtliche, staatsnotwendige Zwecke und Aufgaben frei. Diese organisierte örtliche Gemeinschaft soll die tätige Mitarbeit aller der gewinnen, die mit ihr durch geschichtliche Zugehörigkeit, Verbundenheit mit dem Boden der Heimat und innere Bereitschaft verwachsen sind, und so im wahren Geiste des Reichsfreiherrn vom Stein den Sinn für die staatliche Gemeinschaft im Volke selbst tief verankern.

Deshalb wird am Begriff der Gemeinde als Trägerin der örtlichen Aufgaben, an den Grundlagen der gemeindlichen Selbstverwaltung und hierbei insbesondere an der vorzugsweise ehrenamtlichen Verwaltung sowie am grundsätzlich unbeschränkten Aufgabenkreis der Gemeinde festgehalten.

Die Schäden der Vergangenheit zeigen, daß die Reform in folgender anderer Richtung notwendig ist:

1. in der Umgestaltung der Verwaltungsform der Gemeinde unter besonderer Berücksichtigung der Stellung der Partei im nationalsozialistischen Staate;
2. in der stärkeren Eingliederung der Gemeinde in das Staatsganze;
3. in der festen Ordnung des gemeindlichen Finanzwesens;
4. in der Neugliederung der Gemeinden oder ihrer Zusammenfassung zu leistungsfähigen engeren Verbänden;
5. in der Sicherung der Einheit der örtlichen Verwaltung.

1. Verwaltungsform der Gemeinde.

Selbstverwaltung ist nicht an starre Formen und Begriffe gebunden. Sie erhält ihr Gepräge von den Grundgedanken, auf denen der Staat selbst beruht.

Die Vergangenheit sah das wesentlichste Kennzeichen der Selbstverwaltung nicht in der Schaffung eines eigenverantwortlichen Trägers der örtlichen Aufgaben, auch nicht in der ehrenamtlichen Beteiligung der Bürger an der Verwaltung, sondern unrichtigerweise in der Selbstbestimmung der Verwaltungsorgane durch Wahl der Bürgerschaft (Einwohnerschaft), und zwar solcher Organe, die aus einer Vielzahl gewählter Vertreter bestanden und im Wege der Abstimmung über die Gemeindeangelegenheiten entschieden. Dies lag in der liberal-demokratischen Auffassung begründet, die schließlich das deutsche Volk einer staatszersetzenden Parteienwirtschaft auslieferte.

Der neue Staat beruht auf dem Grundsatz der unbeschränkten Führerverantwortlichkeit. Er lehnt Einrichtungen parlamentarisch-demokratischer Art, die die Verantwortung des einzelnen verwischen oder auslöschen, unbedingt ab.

„Autorität nach unten und uneingeschränkte Verantwortung nach oben" ist der Grundsatz des nationalsozialistischen Staates.

Sollen die Gemeinden nicht Fremdkörper im staatlichen Organismus sein, so muß schon aus Gründen der Folgerichtigkeit der Führergrundsatz auch in ihnen verwirklicht werden. Aber auch abgesehen hiervon, zwingen folgende Gründe dazu: In den Gemeinden, vor allem in den Städten, traten unmittelbarer und greifbarer als anderswo die mit dem Gewicht der toten Zahl verbundenen Schäden zu tage, angefangen von der Auslese der Verwaltungsorgane durch Wahl bis zu den Beschlüssen, die oft durch Flucht vor der Verantwortung, Parteikompromisse, ja sogar Parteikorruption bestimmend beeinflußt waren. Hier grundstürzend und auf die Dauer Wandel zu schaffen, ist unerläßlich. In den zwei Jahren seit der Machtübernahme haben sich die Vorzüge der auf den Führergrundsatz abgestellten Verwaltungsform auch in den Gemeinden bewährt. Nur sie gewährleistet eine geschlossene, einheitliche, schlagkräftige und straffe Verwaltungsführung und stellt die Verantwortlichkeit klar heraus.

Die rechtlichen Folgen des Führergrundsatzes sind, daß Willensbildung und Vollzug (Führung und Durchführung) in einer Hand liegen und daß deshalb alle dem entgegenstehenden gemeindlichen Verwaltungsformen (Einkammersystem, Zweikammersystem, Bürgermeisterverfassung usw.) ausnahmslos beseitigt werden. Hierdurch wird aber weder die vorzugsweise ehrenamtliche Führung der Geschäfte, noch auch das genossenschaftliche Element in der Verwaltung, nämlich die Mitwirkung der Bürgerschaft, ausgeschlossen. Beides wird vielmehr als hoher Wert der Selbstverwaltung anerkannt. Jedoch ist die Mitwirkung der Bürgerschaft nach dem Wesen des Führergrundsatzes auf die eigenverantwortliche B e r a t u n g des Leiters der Gemeinde umzustellen. Die zur Beratung berufenen Bürger stehen dem Leiter der Gemeinde nicht wie früher als geschlossene Vertretungskörperschaft mit Kontrollbefugnis gegenüber, sondern werden unter Ausschaltung jedes Dualismus im engsten Zusammenwirken und in einheitlicher Zielsetzung mit ihm tätig.

Den notwendigen Ausgleich findet der Grundsatz der unbeschränkten Führerverantwortlichkeit des Leiters der Gemeinde

a) in der Art der Berufung des Leiters,
b) in der Kontrolle des Leiters durch den Staat,
c) in der Ordnung seines Verhältnisses zur Partei und
d) zur Bürgerschaft.

Zu a): Die volle Verantwortung des Leiters der Gemeinde für ihre Gesamtverwaltung, die vielfachen Aufgaben, die er auch im Auftrag des Staates zu erfüllen hat, erfordern, daß seine Auslese unter die Gewähr größter Sorgfalt gestellt wird. Zugleich soll diese Auslese in enger Verbundenheit mit dem zur örtlichen Selbstverwaltung berufenen Volke geschehen. Dies wird gesichert durch ein Verfahren, in dem Partei, Bürgerschaft und Staat zur Berufung des Leiters der Gemeinde zusammenwirken. Dadurch wird gewährleistet, daß nur solche Persönlichkeiten berufen werden, die das Vertrauen von Partei und Staat sowie der örtlichen Gemeinschaft genießen und willens und geeignet sind, die Verwaltung der Gemeinde im nationalsozialistischen Geiste zu führen.

Zu b): Die dem Führergrundsatz wesentliche Autorität nach unten und Verantwortung nach oben verbieten die Kontrolle des Leiters der Gemeinde von unten her. Diese Aufgabe konnte deshalb nicht den Gemeinderäten übertragen werden, sondern mußte in vollem Umfange auf den Staat übergehen. Hierzu wird auf die näheren Ausführungen unter Ziffer 2 verwiesen.

Zu c): Die Stellung der Gemeinden als Glieder des Staates erfordert, daß der in der Verfassung des Reiches ausgeprägte Grundsatz der Einheit von Partei und Staat auch in der Gemeinde seinen Ausdruck findet. Auch der Sinn der gemeindlichen Selbstverwaltung führt dazu: Die NSDAP. vertritt als Trägerin der Staatsidee das Gesamtvolk. Sie trägt vor den Augen des Volkes eine weitgehende Mitverantwortung für alles öffentliche Geschehen. Deshalb wird sie in die Verwaltung der Gemeinde maßgebend eingeschaltet, aber zur Wahrung des Führergrundsatzes in gesetzlich so bestimmt geregelter Weise, daß die Verantwortlichkeit des Leiters der Gemeinde nicht verwischt wird.

Die Partei wird in zweifacher Weise eingeschaltet, nämlich bei der Berufung der Gemeindeorgane und bei einzelnen besonders hervortretenden Verwaltungsakten.

Bei der Berufung der Gemeindeorgane ist die Partei in maßgebender Weise beteiligt. Die Gemeinderäte, die Berater des Bürgermeisters aus dem Kreise der Bürgerschaft, werden ausschließlich, ohne daß sie von der Aufsichtsbehörde zu bestätigen wären, von dem Beauftragten der NSDAP. berufen. Auch bei der Berufung der leitenden Gemeindebeamten ist der Partei weitgehender Einfluß eingeräumt. Zur Auslese der Bürgermeister und Beigeordneten macht der Beauftragte der NSDAP. (bei hauptamtlich verwalteten Stellen grundsätzlich nach vorheriger Ausschreibung) bis zu drei Vorschläge. Erklärt sich die nach dem Gesetz zuständige Staatsbehörde mit einem dieser Vorschläge einverstanden, so ernennt die Gemeinde den so Berufenen. Dabei ist darauf hinzuweisen, daß bei allen größeren Städten entweder der Reichsstatthalter, also die Stelle, die in einer Person eines der höchsten Partei- und Staatsämter vereinigt, oder der Reichsminister des Innern selbst zuständig ist.

Für den Gang der Verwaltung hat grundsätzlich der durch das Vertrauen von Partei und Staat berufene Leiter der Gemeinde die ausschließliche Verantwortung zu tragen. Bei zwei besonders hervorstechenden Entschließungen ist jedoch der Beauftragte der NSDAP. eingeschaltet, und zwar bei Erlaß und Änderung der Hauptsatzung, die die Verfassung und Verwaltung der Gemeinde im Rahmen der Deutschen Gemeindeordnung näher ausgestaltet und auf längere Zeit festlegt, sowie dann, wenn Verdienste um Volk und Staat oder um die Gemeinde besonders geehrt werden sollen. Von einer weiteren Einschaltung des Beauftragten der NSDAP. ist Abstand genommen worden, um nicht in die Verwaltung einen Dualismus hineinzutragen und damit den Führergrundsatz und die Verantwortlichkeit des Leiters der Gemeinde zu verwischen. Der Beauftragte der NSDAP. ist aber berechtigt, an den Beratungen des Bürgermeisters mit den Gemeinderäten teilzunehmen, wenn es sich um Angelegenheiten handelt, bei denen ihm das Gesetz ausdrücklich eine Mitwirkung einräumt; er soll sich dadurch selbst ein unmittelbares Urteil bilden können.

Zu d): Die Führung der Gemeinde durch eine einzige verantwortliche Persönlichkeit trägt die Gefahr in sich, daß sich die Verwaltung von der zu betreuenden Bevölkerung entfernt, ihr entfremdet und in eine gewisse bürokratische Erstarrung gerät. Die fortdauernde Belebung der Verwaltung von außen her ist aber gerade in der Gemeinde unerläßlich. Außerdem ist es ja gerade ein Hauptziel der Selbstverwaltung, die Mitarbeit aller erfahrenen, an der örtlichen Gemeinschaft interessierten Kräfte zu gewinnen, sie im Dienst an der Gemeinde zusammenzuführen und so Gemeinsinn und Heimatliebe zu wecken und zu fördern. Hierzu ist die tätige Mitwirkung der Bürger bei der Verwaltung in jeder Form notwendig, die sich mit dem Gedanken des Führerprinzips verträgt. Deshalb soll die dauernde Fühlung des Leiters der Gemeinde und seiner Vertreter mit allen Schichten der Bevölkerung durch Berufung von verdienten und erfahrenen Bürgern zu Beratern als Gemeinderäte und Beiräte gesichert werden. Diese Berater werden nach nationaler Zuverlässigkeit, Verdienst und Sachkunde auserlesen. Beides bedeutet eine grundsätzliche Abkehr vom vergangenen System: Das aus Wahlen hervorgegangene Kollegium einer Vielzahl von Personen, deren Meinungen in Abstimmungen nur gezählt wurden, soll beseitigt sein; der einzelne soll mit dem Gewicht seiner Persönlichkeit, seines Verdienstes und seiner Sachkunde eigenverantwortlich ohne Bindung an Weisungen seinen Rat geben. Das Gesetz fördert die freie verantwortungsvolle Meinungsäußerung, indem es die Gemeinderäte und Beiräte sogar verpflichtet, ihre abweichende Auffassung kundzutun. Diese auf die Persönlichkeit abgestellte Mitwirkung wird dazu beitragen, das gemeindliche Ehrenamt wieder zu einem wirklichen Ehrendienst zu machen und so die Mitwirkung der Bürgerschaft fruchtbarer als früher zu gestalten.

Die Gemeinderäte sind zu allen wichtigen Angelegenheiten der Gemeinde, auch zur Besetzung der Stellen der eigentlichen Amtsträger der Gemeinde (des Bürgermeisters und seiner Vertreter, der Beigeordneten) zu hören. Niemals kann der Leiter der Gemeinde eine Haushaltssatzung ohne Beratung mit den Gemeinderäten feststellen. Ebenso muß er seine jährliche Rechenschaftslegung zuerst den Gemeinderäten unterbreiten. Sie sind von dem endgültigen Ergebnis der Prüfung, also auch von den Beanstandungen bei der Entlastung durch die Aufsichtsbehörde in vollem Umfang in Kenntnis zu setzen.

Die Beiräte wirken an einem bestimmten Verwaltungszweig, insbesondere bei der Verwaltung der Eigenbetriebe (Werke) der Gemeinde, beratend mit und ersetzen so die früheren Deputationen und Ausschüsse.

Dieses genossenschaftliche Element in der Gemeindeverwaltung wird dadurch verstärkt, daß die Gemeindeordnung auch auf die ehrenamtliche Besetzung der Stellen des Leiters der Gemeinde und seiner Vertreter, soweit es der Umfang und die Eigenart der Verwaltungsgeschäfte zulassen, großes Gewicht legt.

2. Einordnung der Gemeinde in den Staat.

Die Gemeinden sind Zellen des Staates. Ihr Eigenleben muß daher mit dem Wohl des Staats- und Volksganzen im Einklang stehen.

Die Gesetzgebung der Vergangenheit hat sich beim Gestaltungswandel der Selbstverwaltung von der Grundeinstellung des Reichsfreiherrn vom Stein gerade in diesem Punkt immer weiter entfernt. Der Staat ist von Stufe zu Stufe weiter von den Gemeinden abgerückt und hat sich schließlich ganz auf die Kontrolle der Gesetzmäßigkeit des Wirkens der Gemeinden zurückgezogen. Auch hierbei hat er sich durch Einräumung eines weitestgehenden verwaltungsgerichtlichen Schutzes des Selbstverwaltungsrechts der Gemeinden Beschränkungen auferlegt, die ihn zwangen, in langwierigen Prozessen vor Verwaltungsgerichten die Gesetzmäßigkeit seines eigenen obrigkeitlichen Handelns gegenüber seinen Gliedkörperschaften zu verteidigen. Er nahm keinen oder nur schwachen Einfluß auf die Besetzung der Stellen der Amtsträger der Gemeinden, obwohl er gleichzeitig infolge der vielfachen Verflechtung der Selbstverwaltung mit der Staatsverwaltung in der untersten Instanz gezwungen war, diese Amtsträger mit wichtigsten staatlichen Rechten und Pflichten auszustatten. Er mußte deshalb zusehen, daß die Gemeinden sich — ausgehend von der damaligen Staatsauffassung, die Wahrung der Individualität sei höchste Pflicht der Gemeinde, — offen mit den Zielen der Staatsführung in Widerspruch setzten, ja vor dem Verfassungsgerichtshof des Reiches als gleichberechtigte Gegner im Streit mit dem Staate um Verfassungsfragen auftraten.

Mit der Auffassung des neuen Staates über eine feste und sichere Staatsführung unter stärkster Betonung des Vorranges der Interessen der Volksgemeinschaft vor jedem individualistischen Sonderanspruch ist dies unvereinbar. Es ist daher notwendig, die Gemeinden und ihre Verwaltung im Sinne engster Staatsverbundenheit so fest in das Staatsganze einzubauen, daß ein Kampf, ja ein gegensätzliches Verhalten gegen den Staat in grundsätzlichen Zielen der Staatsführung und in der Erfüllung gesamtdeutscher Aufgaben völlig ausgeschlossen ist. Damit will der neue Staat keineswegs das berechtigte Eigenleben der Gemeinden einschnüren oder durch die staatliche Bürokratie die gemeindliche Selbstverwaltung lähmen. Bei der Neuordnung des Verhältnisses der Gemeinden zum Staate will dieser vielmehr die freie Entfaltung der Entschlußkraft und Verantwortungsfreudigkeit der Gemeinden im Rahmen des Gesetzes und der eigenen Leistungsfähigkeit fördern und macht dies den Aufsichtsbehörden ausdrücklich zur Pflicht; dem Gesamtinteresse muß er aber im gebotenen Fall rückhaltlos Geltung verschaffen können.

Hieraus ergibt sich die im Gesetz vorgesehene Regelung.

a) Das Wirken der Gemeinden muß nicht nur mit den Gesetzen, sondern auch mit den Zielen der Staatsführung in Einklang stehen. Der Staat will die Selbstverwaltung der Gemeinden nicht bis ins Einzelne regeln. Davon kann er aber nur absehen, wenn die Gemeinden unter das höhere Gebot der Gleichrichtung des Verwaltungskurses in Staat und Gemeinden gestellt werden. Hierfür wählt das Gesetz die feierliche Fassung „im Einklang mit den Zielen der Staatsführung", um auszudrücken, daß es sich nicht um kleinliche, sondern um sachlich oder politisch bedeutsame Angelegenheiten handeln muß, wenn die Staatsaufsicht einen Eingriff in die Selbstverwaltung auf eine Verletzung dieses Gebotes stützen will.

Im übrigen verbleibt es dabei, daß das Wirken der Gemeinden nach der positiven und negativen Seite im Einklang mit den Gesetzen stehen muß.

In jedem Falle aber muß es ausgeschlossen sein, daß der Staat für sein obrigkeitliches Eingreifen in öffentlich-rechtlichen Angelegenheiten seiner Gliedkörperschaften Recht vor Verwaltungsgerichten suchen muß. Es soll daher darüber, ob eine Aufsichtsbehörde mit Recht in die Selbstverwaltung einer Gemeinde zur Wiederherstellung des Einklangs mit den Gesetzen und Zielen der Staatsführung eingegriffen hat, die vorgesetzte Behörde, letzten Endes die oberste Aufsichtsbehörde entscheiden.

b) Daß sich der Staat des maßgebenden Einflusses auf die Besetzung der Stellen der leitenden Amtsträger der Gemeinden nicht begeben kann, ist bereits oben ausgeführt worden.

c) Bei der unlöslichen Verbundenheit der Finanzen des Reiches mit den Finanzen seiner Gliedkörperschaften erachtet es der Staat für unerläßlich, die Wirtschaftsführung der Gemeinden auf einheitlicher Grundlage so fest zu ordnen, daß hieraus weder für die Gemeinde noch für das Staatsganze eine Gefahr entstehen kann. Nur dadurch können die Schäden der Vergangenheit überwunden und für die Zukunft ausgeschlossen werden. Hinsichtlich der Einzelheiten wird auf die eingehenderen Ausführungen unter Ziff. 3 verwiesen.

3. Ordnung des gemeindlichen Finanzwesens.

An die Neugestaltung der Verfassung und Verwaltung der Gemeinden schließt das Gesetz unmittelbar die Normen für ihre Wirtschaftsführung an. Die Verbindung in **einem** Gesetz ist bewußt geschehen, nicht nur, um die Grundlagen der gesamten Gemeindeverwaltung rein äußerlich in einem geschlossenen Gesetze zu bringen, sondern um mit aller Deutlichkeit hervorzuheben, daß eine fruchtbare Gemeindeverwaltung unter allen Umständen durch eine geordnete Finanzwirtschaft bedingt ist. Zur Sicherung einer solchen bedürfen auch die Gemeinden bestimmter fester Normen, wie sie für das Reich in der Reichshaushaltsordnung und für die Länder in den entsprechenden Gesetzen längst festgelegt sind. Durch solche Normen wird es zugleich dem Leiter der Gemeinde leichter gemacht, die volle und ausschließliche Verantwortung für die Verwaltung zu tragen. Denn seine Entschließungen von größerer finanzieller Bedeutung werden von vornherein in solche Bahnen gelenkt, die sich gerade auf Grund der Erfahrungen des letzten Jahrzehnts als die allein richtigen erwiesen haben. Auch macht der Staatsführung nur die grundsätzlich gleiche Ordnung eine mit den Zielen des Staates im Einklang stehende Lenkung der Kommunalwirtschaft und eine wirksame Staatsaufsicht möglich. Eine auf Ordnung ihrer Finanzen bedachte Selbstverwaltung aber wird dadurch in keiner Weise gehemmt oder eingeschnürt; denn alle diese Normen sollten für jede vernünftige Verwaltung Selbstverständlichkeit und damit Richtschnur ihrer Betätigung sein.

Die Aufstellung solcher Normen für die Finanzwirtschaft der Gemeinden duldete keinen Aufschub, wie es z. B. im Hinblick darauf angeregt war, daß die gegenwärtige, noch mit dem Bleigewicht der finanzwirtschaftlichen Mißgriffe der Vergangenheit belastete Zeit die restlose Durchführung aller notwendigen Grundsätze nicht möglich erscheinen lasse. Es wurde dabei insbesondere darauf hingewiesen, daß auch bei allen Anstrengungen nicht alle Gemeinden in der Lage seien, z. B. ihren Haushalt auszugleichen und Rücklagen zu bilden. Demgegenüber war daran festzuhalten, daß es nur mit der Anerkennung solcher Grundsätze möglich ist, das Erbe der Vergangenheit zu überwinden und in allen Gemeinden zu gesunden wirtschaftlichen Verhältnissen zu gelangen. Wenn das Ziel erreicht werden soll, muß der Weg zu ihm unter allen Umständen festliegen, damit ihn auch diejenigen Gemeinden sobald als möglich betreten können, denen im Augenblick noch das eine oder andere Hindernis entgegensteht.

Andererseits durfte auch die inzwischen eingetretene Entlastung vieler Gemeinden nicht dazu verleiten, von der Aufstellung fester Normen für die Gemeindefinanzwirtschaft in dem Gesetz Abstand zu nehmen. Denn bis auch diese Gemeinden ihre volle Bewegungsfreiheit wiedergewinnen und festhalten können, hat noch unendlich viel zu geschehen. Es ist nicht nur der Haushaltsausgleich nachhaltig zu sichern, es ist vielmehr auch ein übergroßer Schuldenblock zu verkleinern, es sind zahlreiche Rückstände in Verbindlichkeiten und Leistungen (auch in der eigenen Wirtschaft der Gemeinde) zu bereinigen, es sind die voll ausgeschöpften Rücklagen, soweit solche überhaupt vorhanden waren, wieder anzusammeln, und vor allem muß die für die Wirtschaft dringend notwendige Herabminderung der untragbar erhöhten Steuer- und Gebührensätze allmählich erreicht werden. Ebenso ist aber zu verhüten, daß wirklich gesund gewordene Gemeinden wieder in alte Fehler zum Nachteil des Staats- und Volksganzen zurückfallen.

Das Preußische Gemeindefinanzgesetz vom 15. Dezember 1933 hat zum ersten Mal die von namhaften Vertretern der Finanzwissenschaft schon in den Vorjahren gemachten Vorschläge ausgewertet und ihnen damit in bahnbrechender Weise für den größten Teil des Reiches bereits Geltung verschafft. Diese Grundsätze sind ein Jahr lang erprobt worden und haben sich im allgemeinen bewährt. Sie bilden daher mit Recht im wesentlichen auch die Grundlage für die Regelung des Gegenstandes in diesem Gesetz.

Das Ziel der Neuordnung ist, die gesamte Wirtschaftsführung der Gemeinden, ihre Haushaltsführung, ihre Vermögensverwaltung und ganz allgemein ihren Willen zu Leistungen im Dienste des Gemeinwohls mit ihrer eigenen nachhaltigen Leistungsfähigkeit und mit der gebotenen Rücksicht auf die Wirtschaftskraft der pflichtigen Volksgenossen in Einklang zu bringen.

Das Gesetz sucht dieses Ziel zu erreichen:

a) durch Aufstellung fester Normen für die gemeindliche Wirtschaftsführung in formaler und materieller Hinsicht,

b) durch stärkere Einschaltung der Staatsaufsicht auf diesem Gebiet als auf anderen,

c) durch Ordnung des Kassen-, Rechnungs-, insbesondere aber des Prüfungswesens.

a) Den Kernpunkt der Ordnung der formalen Finanzwirtschaft der Gemeinden bilden die Vorschriften über die Haushaltsführung. Der Übergang zum Führerprinzip bedingt eine wesentliche Veränderung der früheren Regelung. Die frühere Zweiteilung in — im wesentlichen — bewilligende und ausführende Gemeindeorgane und die darin nach gesetzgeberischer Absicht liegende Sicherung für die Einhaltung des jährlichen Wirtschaftsplanes der Gemeinde wird durch die formale Feststellung der Haushaltssatzung und die materielle Bindung an sie ersetzt.

Die elementarsten Grundsätze einer geordneten Haushaltsführung, die für sämtliche Gemeinden ohne Rücksicht auf ihre Größenordnung unterschiedslos gelten müssen, werden im Gesetz selbst festgelegt: Rechtliche Bedeutung des Haushaltsplanes, der Öffentlichkeit des Haushaltsplanes, Grundsatz der Wirtschaftlichkeit und der Sparsamkeit, Trennung in einen ordentlichen und außerordentlichen Haushaltsplan unter besonderer Ausgestaltung des letzteren für die Vermögenswirtschaft und insbesondere für die Schuldenwirtschaft, Grundsatz des Haushaltsausgleichs, Sicherung des Haushalts gegen wirtschaftliche Schwankungen und zeitliche Verteilung der Lasten (Rücklagen). Das Gesetz sieht aber bewußt davon ab, die Einzelheiten der Aufstellung und Abwicklung des Haushaltsplanes über die für alle Gemeinden gleicherweise geltenden Vorschriften hinaus selbst näher zu regeln; es überläßt dies einer Verordnung, die sich an die Reichshaushaltsordnung anlehnen wird.

Zu diesen Vorschriften über das formale Haushaltswesen treten materielle Bestimmungen über die Vermögensverwaltung, die wirtschaftliche Betätigung und die Schuldenwirtschaft. Auch hierzu werden insbesondere über die Bildung von Erneuerungs- und Erweiterungsrücklagen sowie über die Veräußerung von Gemeindevermögen nähere Bestimmungen getroffen werden. Dabei ist der Notwendigkeit Rechnung zu tragen, einheitliche Grundsätze für die Bewertung des Gemeindevermögens aufzustellen.

b) Die Staatsaufsicht über die gemeindliche Wirtschaftsführung beschränkt sich nicht darauf, die Einhaltung der gesetzlichen Vorschriften in materieller und formeller Hinsicht zu sichern; sie ist vielmehr bei wichtigen Tatbeständen durch das Erfordernis ihrer Genehmigung eingeschaltet. Dies gilt namentlich bei der Veräußerung von Gemeindevermögen und in ganz besonderem Maße — mit Rücksicht auf die Erfahrungen der zurückliegenden Zeit — bei Schuldaufnahmen. Die Haushaltssatzung ist als Ganzes nicht genehmigungspflichtig. Wohl aber ist für einzelne, allerdings wichtige haushaltswirtschaftliche Maßnahmen im Rahmen der Haushaltssatzung (wie Aufnahme von Darlehen, Höchstbetrag der Kassenkredite, Steuerfestsetzungen) die Genehmigung der Aufsichtsbehörde vorgesehen. Große Bedeutung kommt auch der Vorschrift zu, nach der Unternehmen, die mit Mitteln des außerordentlichen Haushalts ausgeführt werden sollen, nicht in Angriff genommen werden dürfen, bevor die vorgesehenen Einnahmen eingegangen sind oder ihr rechtzeitiger Eingang einwandfrei rechtlich und tatsächlich gesichert ist. Viel zu oft sind in der Vergangenheit zum schwersten Schaden der betroffenen Gemeinde gerade auf diesem Gebiet durch Inangriffnahme von weittragenden Unternehmen ohne rechtzeitige und lückenlose Finanzierung vollendete Tatsachen geschaffen worden, die zu den unerfreulichsten Folgewirkungen, insbesondere zum Abgleiten der Gemeinden in schwerste und bedrohliche kurzfristige Verschuldung geführt haben.

c) Diese im wesentlichen vorbeugenden Befugnisse der Staatsaufsicht werden ergänzt durch die Einrichtung einer planmäßigen nachträglichen Prüfung der gemeindlichen Haushalts- und Rechnungsführung. Dazu dienen die Vorschriften über die Errichtung gemeindlicher Prüfungsämter, über die Entlastung des Bürgermeisters und insbesondere über die Errichtung einer eigenen öffentlichen Anstalt für die Durchführung der überörtlichen Ordnungs- und Wirtschaftlichkeitsprüfung, die dem Reichsminister des Innern unterstellt wird. Auf diesem Gebiet sind in den einzelnen Ländern, teils in längerer Entwicklung, teils in jüngster Zeit, Einrichtungen ausgebildet worden, die ihrem Zwecke nach als notwendig anerkannt werden müssen und deshalb nunmehr einheitlich für das ganze Reich ausgestaltet werden sollen. Hierzu ist Voraussetzung, daß über die verwaltungsorganisatorische Gliederung des Reiches Klarheit besteht. Das Nähere wird auch für dieses Teilgebiet zu gegebener Zeit durch eine Verordnung bestimmt werden.

Daß ein großer Teil der hier einschlägigen Vorschriften nicht durch das Gesetz, sondern erst auf Grund des Gesetzes im Verordnungswege erlassen werden soll, ist in erster Linie dadurch begründet, daß diese Vorschriften sich in vielen Teilen nach der Größe der Gemeinden und damit ihrer Verwaltung werden unterscheiden müssen. Auch soll das Gesetz nicht durch zu weitgehende Einzelheiten belastet werden und so die Übersichtlichkeit und Klarheit verlieren. Vor allem aber sollen die Vorschriften über Einzelheiten den wechselnden Verhältnissen leichter angepaßt werden können.

4. Neugliederung der Gemeinden oder Zusammenfassung zu engeren Verbänden.

Seit Jahren bemühen sich die Länder, das Problem der Vereinfachung und Verbilligung unter gleichzeitiger Hebung des Wirkungsgrades der Verwaltung und der Leistungsfähigkeit der Gemeinden zu lösen; es beschränkt sich in der Hauptsache auf die kreisangehörigen Gemeinden. Der Ausgangspunkt und der Fragenkreis war so verschiedenartig, daß die vielfältigsten Wege einer Lösung beschritten wurden. Zumeist ging man von der durchaus berechtigten Beseitigung zu kleiner und leistungsschwacher Gemeinden aus; in der letzten Auswirkung gipfelte dieses Vorgehen in der Bildung großräumiger Gemeinden mit fachlich geschulten Verwaltungskräften. Teils schloß man die kleineren, grundsätzlich auf ehrenamtliche Führung der Geschäfte gestellten Gemeinden in engere Verbände zusammen oder ebnete wenigstens durch Gesetz die Möglichkeit des Zusammenschlusses mit dem Ziel, dadurch die Erledigung gemeinsamer, gleichartiger Geschäfte durch fachlich geschulte Dienstkräfte zu erreichen und durch gesammelten Einsatz der gemeinsamen Kräfte für gemeinsame Aufgaben auch die Leistungsfähigkeit zu heben. Teils handelte es sich um die bloße Sicherung der verwaltungstechnischen Ordnung des einen oder anderen wichtigen Verwaltungszweiges, wie z. B. des Haushalts-, Kassen- und Rechnungswesens, indem für mehrere Gemeinden geeignete Fachkräfte zur gemeinsamen Führung dieses Verwaltungszweiges bestellt wurden (Steuer- und Gemeindeeinnehmer, Verwaltungsaktuare u. ä.). Teils wurde die Verwaltungsreform der Gemeinden nach einem einheitlichen Plan für ein ganzes Land durchgeführt; teils wurde nur der gesetzliche Rahmen geschaffen, innerhalb dessen die Verwaltung das für „Land und Leute" Entsprechende ausgestaltete.

Unter den verschiedenen Lösungsmöglichkeiten spielen gegenwärtig in der öffentlichen Erörterung des Fragenkreises zwei eine besondere Rolle: Die sogenannte oldenburgische Verwaltungsreform, die auf einer rein territorialen Neugliederung und Bildung großräumiger Gemeinden und dementsprechend großer Kreise beruht, und die Amtsordnung für Rheinland und Westfalen, die unter Aufrechterhaltung der auf der Grundlage der Siedlungseinheit naturgewachsenen Gemeinden den Zusammenschluß der kreisangehörigen Gemeinden zu engeren Gemeindeverbänden mit in der Hauptsache hauptamtlicher, fachlich geschulter Verwaltung zusammenfaßt.

Zweifellos ist ein unabweisbares Bedürfnis für eine Verwaltungsreform der Gemeinden gegeben. Zwerggemeinden mit geringster Leistungsfähigkeit sind nicht nur der Bewältigung der Aufgaben der Gegenwart und Zukunft nicht gewachsen, sondern hemmen auch durch ihre Vielzahl die Bildung entsprechend großer Kreise und Verwaltungsbezirke für die unteren staatlichen Verwaltungsbehörden. Hierdurch werden sogar die Grundlagen für die Neugliederung des Reichs nach Art, Größe und Grenzen seiner Glieder, ihren Aufgaben und Verantwortlichkeiten und der Neuregelung des Finanzausgleichs berührt. Es ist daher unerläßlich, daß das Reich durch den Reichsminister des Innern als oberste Kommunalaufsichtsbehörde die Verwaltungsreform der Gemeinden unverzüglich in die Hand nimmt. Wenn die Deutsche Gemeindeordnung dieses Problem nicht auf gesetzlichem

Wege zu lösen versucht, so ist damit angedeutet, daß es in erster Linie eine Aufgabe der Verwaltung sein soll, die individuell richtigen Wege zu beschreiten. Es wird ferner damit ausgedrückt, daß sich weder die eine noch die andere Lösungsmöglichkeit auf alle Landstriche einheitlich und gleichmäßig übertragen läßt. Die geographischen, siedlungsmäßigen, wirtschaftlichen und geschichtlichen Voraussetzungen sind zu verschiedenartig, als daß ein einziges, für das ganze Reich gültiges Schema, das die Auflösung naturgewachsener Verhältnisse zur Folge haben würde, aufgestellt und ohne Schaden angewendet werden könnte.

Das Gesetz geht aber an dieser grundlegend wichtigen Frage keineswegs vorbei, sondern läßt verschiedene Lösungsmöglichkeiten mit einem weiten Spielraum für die Verwaltung offen:

Es ist grundsatzmäßig ausgesprochen, daß das Gebiet der Gemeinde so bemessen sein soll, daß die örtliche Verbundenheit der Einwohner gewahrt und die Leistungsfähigkeit der Gemeinde zur Erfüllung ihrer Aufgaben gesichert ist. Wenn dazu die Änderung der Gemeindegrenzen ausschließlich von Gründen des öffentlichen Wohls abhängig gemacht und die Verwaltung zur Änderung der Gemeindegrenzen, zur Auflösung und Neubildung von Gemeinden gesetzlich ermächtigt wird, so ist damit der Weg für eine territoriale Neugliederung der Gemeinden an sich geebnet. Dabei stellt sich das Gesetz auf den Standpunkt, daß die soziologische Grundlage der Gemeinde, nämlich die örtliche Verbundenheit der Einwohner, grundsätzlich nicht verlassen werden soll; Ausnahmen können in Einzelfällen nur dort Platz greifen, wo es aus zwingenden Gründen der Leistungsfähigkeit unbedingt geboten ist, Träger der örtlichen Verwaltung zur Erfüllung der öffentlichen Aufgaben einwandfrei instand zu setzen.

Neben der Möglichkeit, Gemeinden flächenmäßig zu vergrößern, sieht das Gesetz die Ermächtigung für den Zusammenschluß von Gemeinden zu engeren Gemeindeverbänden und zur Schaffung von Gemeinschaftseinrichtungen für kreisangehörige Gemeinden vor, die einen geordneten Gang der Verwaltung gewährleisten. Die Bezugnahme auf die Amtsverfassung im Rheinland und in Westfalen ist hierbei deutlich. Die Vorzüge dieser

Einrichtung, die neben der Schaffung einer sachlich geschulten Verwaltung und der Hebung der Leistungsfähigkeit auch die Aufrechterhaltung der Gemeinden als naturgewachsener Siedlungseinheiten unter ehrenamtlicher Verwaltung sichert, werden als so wertvoll erachtet, daß ihre Übertragung auf Verhältnisse gleicher Struktur ernstlich zu erwägen ist.

Der Schwerpunkt für die endgültige Lösung wird, wie bereits erwähnt, bei der Verwaltung liegen. Eine zentrale einheitliche Regelung ist abzulehnen. Trotzdem wäre es falsch, wenn gerade jetzt für einzelne Länder vollendete Tatsachen in der einen oder anderen Richtung geschaffen würden, die im Rahmen einer Gesamtbetrachtung vielleicht verfehlt wären. Es ist deshalb notwendig, die im Gange befindliche Würdigung des gesamten Fragenkreises abzuwarten. Sie wird in allernächster Zeit abgeschlossen sein.

5. Einheit der örtlichen Verwaltung.

Es gehört zum staatspolitischen Sinn der Selbstverwaltung, daß die Gemeinden unmittelbar der Bevölkerung gegenüber, also als volksnächster Teil des Verwaltungsorganismus alle öffentlichen Aufgaben nach örtlichem Bedürfnis und örtlicher Leistungsfähigkeit im Rahmen des Gesetzes verwalten, soweit nicht ganz besondere Staatsnotwendigkeiten die Ausführung durch Staatsbehörden verlangen. Die Gemeinde soll die von den verschiedensten zentralen Stellen ausgehenden Absichten und Pläne in der Ausführung zu einer Einheit zusammenfassen, damit Wille und Wirtschaftskraft der Bevölkerung möglichst gleichgerichtet den öffentlichen Aufgaben zugewendet werden. Ein Auseinanderstreben wird in der Gemeinde der Bevölkerung am unmittelbarsten fühlbar. Wenn neben der Gemeindeverwaltung eine immer größer werdende Reihe öffentlicher Aufgabenträger und Sonderbehörden tätig wird oder wenn der Gemeindeverwaltung durch eine zu weitgehende Regelung von oben her die Möglichkeit genommen wird, die einzelnen Aufgaben im Rahmen des Gesamten nach Leistungsfähigkeit und abgestufter Dringlichkeit zu verwalten, so geht dieser staatspolitische Sinn der gemeindlichen Selbstverwaltung verloren. Es schwindet das Interesse, wenn die Gemeinde nur noch Lastenträger ist, auf die Entwicklung des Aufgabengebietes aber keinen Einfluß mehr nehmen kann. Das Herausreißen der Einzelaufgaben aus dem Gesamtrahmen macht auch für die Bevölkerung die Zuständigkeiten unübersichtlich. In einer Sache muß oft eine Reihe von Behörden angegangen werden. Die Auseinandersetzungen „zuständigkeitshalber", die Notwendigkeit der Herstellung des „Einvernehmens" einer Reihe sachbeteiligter Behörden hemmen den Gang der Verwaltung zum Schaden des Verwaltungserfolges und der Bevölkerung. Am fühlbarsten aber wird für die Bevölkerung, daß sie von einer Reihe von Aufgabenträgern mit Sonderabgaben, -umlagen, -beiträgen und -gebühren in Anspruch genommen wird.

Es ist daher unbedingt notwendig, die Einheit der Verwaltung in der örtlichen Instanz soweit als möglich wieder herzustellen und sie vor allem für die Zukunft zu sichern. Gilt dies auch in erster Linie für die größeren Gemeinden (Stadtkreise), so hat es seine Bedeutung auch für die übrigen Gemeinden.

Das Gesetz trifft deshalb eine Reihe dahinzielender Vorschriften:

a) Staatliche Aufgaben zur Erfüllung nach Anweisung können den Gemeinden nur durch Gesetz übertragen werden.

b) Neue Pflichten können den Gemeinden nur durch Gesetz auferlegt werden. Eingriffe in die Verwaltung der Gemeinden sind nur im Wege des Gesetzes zulässig.

c) Verordnungen zur Durchführung solcher Gesetze bedürfen der Zustimmung des Reichsministers des Innern.

d) Innerhalb der Gemeinde wird die Geschlossenheit und Einheit der Verwaltung dadurch gewährleistet, daß der Leiter der Gemeinde ausschließlich und allein die Verantwortung für die Führung der Geschäfte trägt. Jede Schaffung von Organen oder von besonderen Dienstkräften der Gemeinde, die die Verantwortung für die einheitliche Führung der Verwaltung teilen würde, wird abgelehnt. Alle Beamten und sonstigen Dienstkräfte der Gemeinde unterstehen ausschließlich dem Leiter der Gemeinde als Dienstvorgesetzten.

e) Die staatliche Aufsicht über die Gemeinden wird einer Stelle übertragen und gipfelt bei einer obersten Kommunalaufsichtsbehörde, dem Reichsminister des Innern. Die fachliche Aufsicht anderer Behörden nach Maßgabe von Sondergesetzen, wonach diese Behörden Weisungen allgemeiner Art und im Einzelfall erteilen können, wird hierdurch nicht beeinträchtigt. Doch ist es ausdrücklich ausgeschlossen, daß diese oder andere Behörden und Stellen in die Gemeindeverwaltung mit Zwangsmitteln, die nur der Kommunalaufsichtsbehörde zustehen, eingreifen.

Zu erwähnen ist noch, daß die Deutsche Gemeindeordnung es unterläßt, das Recht der Gemeindebeamten näher zu regeln. Dies hat darin seinen Grund, daß die Verhältnisse der deutschen Beamten in Kürze einheitlich durch ein Reichsgesetz geordnet werden, und daß dessen Vorschriften grundsätzlich auch für die Gemeindebeamten gelten werden. Gegenüber diesem Reichsbeamtengesetz wird die Deutsche Gemeindeordnung als Sondergesetz erklärt werden, so daß die wenigen in ihr selbst getroffenen beamtenrechtlichen Vorschriften durch das Reichsbeamtengesetz nicht berührt werden.

Die Deutsche Gemeindeordnung.

Vom 30. Januar 1935 (RGBl. I S. 49).

Die Deutsche Gemeindeordnung will die Gemeinden in enger Zusammenarbeit mit Partei und Staat zu höchsten Leistungen befähigen und sie damit instand setzen, im wahren Geiste des Schöpfers gemeindlicher Selbstverwaltung, des Reichsfreiherrn vom Stein, mitzuwirken an der Erreichung des Staatszieles: in einem einheitlichen, von nationalem Willen durchdrungenen Volke die Gemeinschaft wieder vor das Einzelschicksal zu stellen, Gemeinnutz vor Eigennutz zu setzen und unter Führung der Besten des Volkes die wahre Volksgemeinschaft zu schaffen, in der auch der letzte willige Volksgenosse das Gefühl der Zusammengehörigkeit findet.

Die Deutsche Gemeindeordnung ist ein Grundgesetz des nationalsozialistischen Staates. Auf dem von ihr bereiteten Boden wird sich der Neubau des Reiches vollenden.

Die Reichsregierung hat daher das folgende Gesetz erlassen, das hiermit verkündet wird:

Erster Teil

Grundlagen der Gemeindeverfassung

§ 1

(1) Die Gemeinden fassen die in der örtlichen Gemeinschaft lebendigen Kräfte des Volkes zur Erfüllung öffentlicher Aufgaben der engeren Heimat zusammen.

(2) Die Gemeinden sind öffentliche Gebietskörperschaften. Sie verwalten sich selbst unter eigener Verantwortung. Ihr Wirken muß im Einklang mit den Gesetzen und den Zielen der Staatsführung stehen.

Zu § 1: Der § 1 bestimmt die allgemeine Aufgabe der Gemeinden im Staatsganzen und regelt ihre Rechtsstellung.

1. Das Gesetz sieht davon ab, eine ausdrückliche Begriffsbestimmung der Gemeinde zu geben; eine praktische Notwendigkeit, in den wissenschaftlichen Streit über diese Frage einzugreifen, liegt nicht vor, da für die Anwendung des Gesetzes im allgemeinen feststeht, welche Gebietskörperschaften als Gemeinden zu betrachten sind. Soweit auf Grund der bisherigen Rechtsentwicklung Grenzfälle vorhanden sind, kann es den Durchführungsverordnungen überlassen bleiben, Klarheit zu schaffen und damit den Kreis der Gebietskörperschaften, die als Gemeinden im Sinne der Deutschen Gemeindeordnung zu betrachten sind, eindeutig festzulegen. Dabei wird davon auszugehen sein, daß die Gemeinde der unterste Träger der öffentlichen Verwaltung ist, und daß demgemäß für gemeindeähnliche Erscheinungsformen unterhalb der Gemeinde (z. B. Ortschaften) in Zukunft kein Raum bleibt.

Statt einer Begriffsbestimmung umreißt der § 1 Abs. 1 jedoch die allgemeine Aufgabe, die den Gemeinden im Rahmen des Staatsganzen zufällt. Danach fassen sie auf bestimmtem Gebiet, dem Gemeindegebiet (§§ 4, 12), die lebendigen Kräfte des Volkes, die Einwohner und Bürger der Gemeinde (§§ 5, 17 ff.), zur Erfüllung örtlicher öffentlicher Aufgaben (§ 2) zu einer Einheit zusammen. Im einzelnen darf hierzu auf die Begründung zu den angezogenen Vorschriften Bezug genommen werden.

2. Die Gemeinden sind, wie schon bisher, öffentliche Gebietskörperschaften. Ihre Stellung als Gebietskörperschaften unterscheidet sie von sonstigen Körperschaften des öffentlichen Rechts, deren Tätigkeitsgebiet zwar auch an ein bestimmtes Gebiet gebunden sein kann, die aber stets nur innerhalb dieses Gebiets tätig werden, während bei den Gemeinden das Gebiet Objekt ihrer Tätigkeit ist. Hieraus leitet sich neben der Steuerhoheit der Gemeinden vor allem die Befugnis her, nach § 18 der Gemeindeordnung einen Anschluß- und Benutzungszwang an bestimmte Einrichtungen vorzuschreiben.

3. Die Gemeinden haben in ihrem Gebiet alle öffentlichen Aufgaben unter eigener Verantwortung zu verwalten, soweit diese Aufgaben nicht nach gesetzlicher Vorschrift anderen Stellen ausdrücklich zugewiesen sind oder auf Grund gesetzlicher Vorschriften von anderen Stellen übernommen werden (§ 2 Abs. 2). Die Grenzen dieser Selbstverwaltung bestimmen die Gesetze in ihrem jeweiligen Bestande, insbesondere die gesetzlichen Vorschriften über die Staatsaufsicht (§§ 106 ff.) und weitergehend als die Gemeindeordnungen der früheren Zeit die Ziele der Staatsführung (vgl. hierzu die Begründung zu § 106). Im übrigen darf hinsichtlich des Wandels der Selbstverwaltung im neuen Staat auf die Ausführungen in dem allgemeinen Teil der Begründung Bezug genommen werden.

§ 2

(1) Die Gemeinden sind berufen, das Wohl ihrer Einwohner zu fördern und die geschichtliche und heimatliche Eigenart zu erhalten.

(2) Die Gemeinden haben in ihrem Gebiet alle öffentlichen Aufgaben unter eigener Verantwortung zu verwalten, soweit die Aufgaben nicht nach gesetzlicher Vorschrift anderen Stellen ausdrücklich zugewiesen sind oder auf Grund gesetzlicher Vorschrift von anderen Stellen übernommen werden.

(3) Den Gemeinden können durch Gesetz staatliche

Aufgaben zur Erfüllung nach Anweisung übertragen werden. Sie stellen die zur Durchführung dieser Aufgaben erforderlichen Dienstkräfte, Einrichtungen und Mittel zur Verfügung, soweit die Gesetze nichts anderes bestimmen.

(4) Neue Pflichten können den Gemeinden nur durch Gesetz auferlegt werden; Eingriffe in die Rechte der Gemeinden sind nur im Wege des Gesetzes zulässig. Verordnungen zur Durchführung solcher Gesetze bedürfen der Zustimmung des Reichsministers des Innern.

Zu § 2: Der § 2 legt den Aufgabenkreis der Gemeinden fest und bestimmt, daß die Übertragung neuer Pflichten auf die Gemeinden und Eingriffe in ihre Rechte nur im Wege des Gesetzes zulässig sind.

1. Die Gemeinden haben danach als Träger der örtlichen Verwaltung (§ 1) das Wohl ihrer Einwohner zu fördern und die geschichtliche und heimatliche Eigenart zu erhalten. Darin liegt die Verpflichtung, die zur Erfüllung dieser Aufgaben notwendigen Verwaltungseinrichtungen zu treffen und der örtlichen Gemeinschaft die erforderlichen öffentlichen und gemeinnützigen Anlagen und Anstalten zur Verfügung zu stellen. Darin liegt aber auch die Verpflichtung, insbesondere zur Förderung des Heimatsinnes Kulturdenkmäler, heimatliche Naturschönheiten und heimatliches Brauchtum zu erhalten und zu betreuen. Allgemeine Grenzen der Betätigung der Gemeinde sind dabei ihre eigene Leistungsfähigkeit und die wirtschaftlichen Kräfte der Abgabepflichtigen (§ 7), die nicht nur von den Gemeinden selbst, sondern auch von jeder sonstigen Stelle zu achten sind, die Anforderungen finanzieller Art an die Gemeinden stellt.

Die Aufgaben der Gemeinden umfassen wie bisher Selbstverwaltungs- und Auftragsangelegenheiten.

a) Der § 2 Abs. 2 hält den Grundsatz der Unbeschränktheit des Aufgabenkreises der Gemeinden, den Grundsatz der sogenannten Totalität oder Universalität aufrecht. Danach haben die Gemeinden in ihrem Gebiet grundsätzlich a l l e öffentlichen Aufgaben unter eigener Verantwortung zu verwalten. Die Gemeindeordnung bekennt sich damit zu dem bewährten Gedanken einheitlicher Verwaltungsführung in der Ortsinstanz, weil dieser allein geeignet ist, die vielfältigen, oft widerstrebenden Verwaltungsinteressen und -ziele zu einem der Allgemeinheit förderlichen Ausgleich zu bringen. Dieser Grundsatz erheischt nur nach zwei Richtungen hin Ausnahmen.

aa) Die Gemeinden sind zur Vermeidung eines unfruchtbaren Nebeneinanders von der Verwaltung solcher öffentlicher Aufgaben ausgeschlossen, die nach gesetzlicher Vorschrift anderen Stellen ausdrücklich zugewiesen sind. Dieser Ausschluß gilt sowohl gegenüber Sonderbehörden als auch gegenüber Gemeindeverbänden. Erforderlich ist dabei jedoch stets, daß deren Zuständigkeit durch Gesetz begründet ist.

bb) Das gleiche gilt in denjenigen Fällen, in denen öffentliche Aufgaben auf Grund gesetzlicher Vorschrift auf andere Stellen übernommen werden. Hierdurch soll vor allem eine zweckmäßige Aufgabenteilung zwischen Gemeinden und Gemeindeverbänden ermöglicht werden. Auch für die Gemeindeverbände besteht nach der bisherigen Rechtsentwicklung der für den Rechtsgedanken der gemeindlichen Selbstverwaltung bezeichnende Grundsatz der Unbeschränktheit ihrer Aufgabenkreise. Dieser Grundsatz führt in der Praxis nicht selten zu der Tatsache eines kostspieligen und zwecklosen Nebeneinanders, wenn nicht sogar Gegeneinanders, im Verhältnis von Gemeinden und Gemeindeverbänden. Derartige Widerstreite muß der Gesetzgeber in der Weise zu einem vernünftigen Ausgleich bringen, daß er dem Gemeindeverband die Übernahme bestimmter Aufgaben, vor allem solcher, die überörtlichen Charakter haben oder annehmen, in seine ausschließliche Zuständigkeit gestattet. Eine Regelung dieser Fragen wird den Gesetzen vorzubehalten sein, die die Verfassung der Gemeindeverbände ordnen.

b) Wie bisher nehmen die Gemeinden Aufgaben wahr, die ihnen der Staat nicht zur eigenverantwortlichen Erledigung, sondern zur Erfüllung nach Anweisung überträgt (§ 2 Abs. 3). Der Staat beschränkt sich hier also nicht darauf, den Einklang der Verwaltung solcher Aufgaben mit den Gesetzen und den Zielen der Staatsführung zu überwachen, er behält sich insoweit vielmehr auch das Recht der Anweisung in reinen Ermessensfragen jeder Art vor. Von grundlegender Bedeutung ist dabei, daß den Gemeinden in Zukunft derartige Aufgaben nur noch durch

Gesetz, nicht mehr durch Rechtsverordnung oder einfache Verwaltungsanweisung übertragen werden dürfen. Nimmt aber der Staat durch Gesetz eine derartige Aufgabenübertragung vor, so ist die Durchführung dieser Aufgaben verwaltungs- und kostenmäßig Sache der Gemeinden, die deshalb auch die erforderlichen Dienstkräfte, Einrichtungen und Mittel zur Verfügung zu stellen haben. Die hierdurch den Gemeinden entstehenden Belastungen auszugleichen, ist Aufgabe des Finanzausgleichs, soweit nicht im Einzelfalle sondergesetzlich eine von dem obengenannten Grundsatz abweichende Regelung getroffen wird.

2. Eine ruhige und stete Verwaltungsführung in den Gemeinden, die für den Neuaufbau des Reichs unentbehrlich ist, erfordert es, für die Gemeinden einen nur durch Gesetz veränderbaren Pflichtenkreis festzulegen und ihnen ihre Rechte insoweit zu sichern, als ein Eingriff in diese nur durch Gesetz erfolgen darf. Eine solche Festlegung und Sicherung allein wird es auch ermöglichen, das oben gekennzeichnete Ziel der Einheit örtlicher Verwaltung zu erreichen. Der § 2 Abs. 4 läßt demnach die Auferlegung neuer Pflichten und Eingriffe in die Rechte der Gemeinden nur durch Gesetz, nicht durch Verordnung oder Verwaltungsanordnung zu. Er schreibt darüber hinaus vor, daß Verordnungen zur Durchführung solcher Gesetze der Zustimmung des Reichsministers des Innern als des für die Betreuung der Gemeinden zuständigen Ministers bedürfen. Diese letztere Vorschrift ist erforderlich, um auch bei Durchführung der Gesetze die Beachtung der großen Gesichtspunkte einer einheitlichen Gemeindepolitik zu sichern und unbegründete Eingriffe in die Sphäre gemeindlicher Verwaltung abzuwehren. Dabei ist es selbstverständlich, daß es der Zustimmung des Reichsministers des Innern nur zum Erlaß solcher Verordnungen bedarf, die in Durchführung von Gesetzen ergehen, die den Pflichtenkreis und die Rechtsstellung der Gemeinden im besonderen berühren. Soweit derartige Gesetze die Allgemeinheit betreffen und Auswirkungen auf die Gemeinden nur deshalb haben, weil sie wie private Dritte etwa als Grundbesitzer oder Gewerbetreibende am Rechtsverkehr teilnehmen, gilt die Beschränkung nicht.

§ 3

(1) Die Gemeinden können ihre eigenen Angelegenheiten durch Satzungen regeln, soweit die Ge-

setze keine Vorschriften enthalten oder den Erlaß von Satzungen ausdrücklich gestatten.

(2) Jede Gemeinde hat eine Hauptsatzung zu erlassen, die der Genehmigung der Aufsichtsbehörde bedarf. In der Hauptsatzung ist das zu ordnen, was nach den Vorschriften dieses Gesetzes der Hauptsatzung vorbehalten ist.

(3) Satzungen sind öffentlich bekanntzumachen. Sie treten, wenn kein anderer Zeitpunkt bestimmt ist, am Tage nach der Bekanntmachung in Kraft. Mit Genehmigung der Aufsichtsbehörde kann einer Satzung rückwirkende Kraft beigelegt werden.

Zu § 3: Das Gesetz gibt den Gemeinden im § 3 auch das Recht örtlicher Gesetzgebung. Dieses Recht besitzen die Gemeinden „in ihren eigenen Angelegenheiten", also in den Angelegenheiten ihrer Verfassung und Verwaltung, soweit sie nicht gesetzlich abschließend geregelt sind oder soweit die Gesetze eine ausdrückliche Ermächtigung zum Erlaß von Satzungen vorsehen.

Das Gesetz sieht davon ab, für derartige Satzungen eine allgemeine Genehmigungspflicht der Aufsichtsbehörde, wie sie z. B. in Preußen bis zum Jahre 1918 durchgehend bestand, vorzuschreiben. Es geht vielmehr davon aus, daß das Zustandekommen tatsächlich und rechtlich einwandfreier Satzungen sich auch ohne besondere Genehmigung durch eine verständnisvolle Zusammenarbeit zwischen Gemeinde und Aufsichtsbehörde erreichen läßt. Dabei wird zur Klarstellung im übrigen bemerkt, daß der Grundsatz der Genehmigungsfreiheit von Satzungen insoweit nicht gilt, als einzelne Vorschriften dieses Gesetzes oder sonstiger Gesetze den Erlaß von Satzungen ausdrücklich unter Genehmigungsvorbehalt stellen. Das gilt auch insoweit, als derartige Vorbehalte in Landesgesetzen vorgesehen sind, soweit sie nach Inkrafttreten der Gemeindeordnung aufrechterhalten bleiben.

Im Interesse der Klarheit und Sicherheit des Rechtsverkehrs bejaht die Vorschrift des § 3 Abs. 3 die bisher sehr bestrittene Frage, ob Satzungen zu ihrer Rechtsgültigkeit öffentlicher Bekanntmachung bedürfen. Sie regelt zugleich den Tag des Inkrafttretens der Satzungen; danach gilt, daß eine Satzung am Tage nach der öffentlichen Bekanntmachung in Kraft tritt, wenn die Satzung nicht selbst einen anderen Zeitpunkt bestimmt. Im Zusammenhang hiermit wird auch die bisher nicht einheitlich beantwortete Frage, ob eine Satzung sich rückwirkende Kraft beilegen kann, dahin geregelt, daß eine solche Rückwirkung mit Genehmigung der Aufsichtsbehörde zulässig ist. Die besondere Genehmigung der Aufsichtsbehörde entspricht in diesem Falle dem Bedürfnis, unbillige Beschwerungen der betroffenen Kreise durch rückwirkende Vorschriften möglichst zu beschränken.

Die vorerwähnten Grundsätze gelten auch für die Änderung von Satzungen und entsprechend auch für die Aufhebung von Satzungen, ohne daß es insoweit im Gesetz besonderer Erwähnung bedarf.

Eine besondere Stellung unter den Satzungen nimmt die Hauptsatzung (§ 3 Abs. 2) ein. Die Hauptsatzung ist das Verfassungsstatut der Gemeinde, das sie selbst feststellt. Dabei sind die Gegenstände, die in der Hauptsatzung zu regeln sind, in der Gemeindeordnung selbst abschließend bestimmt. Im einzelnen ist danach der Hauptsatzung zugewiesen:

1. die Bewilligung angemessener Aufwandsentschädigungen an ehrenamtlich tätige Bürgermeister, Beigeordnete und Kassenverwalter sowie die Festsetzung von Durchschnittssätzen für die Entschädigung anderer ehrenamtlich tätiger Bürger (§ 27),
2. die Regelung der Frage, ob und welche Ehrenbezeichnungen solchen Bürgern verliehen werden können, die mindestens 20 Jahre ein Ehrenamt ohne Tadel verwaltet haben (§ 28),
3. die Bestimmung der Zahl der Beigeordneten (§ 34),
4. die Regelung der Haupt- oder Ehrenamtlichkeit von Stellen der Bürgermeister und Beigeordneten (§ 39),
5. die Vorbildung für hauptamtliche Bürgermeister und Beigeordnete in Stadtkreisen (§ 40),
6. die Wiederberufung hauptamtlicher Bürgermeister und Beigeordneter auf Lebenszeit (§ 44),
7. die Regelung der Frage, ob der Bürgermeister, die Beigeordneten und die Gemeinderäte bei feierlichen Anlässen eine Amtstracht oder ein Amtszeichen tragen (§ 47),

8. die Bestimmung der Zahl der Gemeinderäte (§ 49),
9. die Bestellung von Beiräten für bestimmte Verwaltungszweige (§ 58).

Bei der Bedeutung dieser Satzung für das gesamte Gemeindeleben ist sie gegenüber den sonstigen Satzungen insofern hervorgehoben, als sie nur mit Zustimmung des Beauftragten der NSDAP. erlassen werden kann (§ 33) und der Genehmigung der Aufsichtsbehörde bedarf.

§ 4

Das Gebiet jeder Gemeinde soll so bemessen sein, daß die örtliche Verbundenheit der Einwohner gewahrt und die Leistungsfähigkeit der Gemeinde zur Erfüllung ihrer Aufgaben gesichert ist.

Zu § 4: Wie bereits im allgemeinen Teil der Begründung hervorgehoben worden ist, steht die Frage der territorialen Gliederung der Gemeinden als der untersten Verwaltungseinheit zur Zeit im Mittelpunkt lebhafter Erörterungen. Es ist deshalb geboten, in der Deutschen Gemeindeordnung wenigstens in einem Grundsatz zu dieser Frage Stellung zu nehmen. Das geschieht in § 4.

1. Der § 1 bezeichnet es als allgemeine Aufgabe der Gemeinde, die in der örtlichen Gemeinschaft lebendigen Kräfte des Volkes zur Erfüllung öffentlicher Aufgaben der engeren Heimat zusammenzufassen. Diese Aufgabe kann die Gemeinde nur erfüllen, wenn ihr Gebiet so bemessen ist, daß die örtliche Verbundenheit der Einwohner gewahrt bleibt. Diesem Grundsatz würde es widersprechen, Gemeinden zu schaffen, die nach ihrem Gebietsumfang diese Voraussetzung nicht mehr erfüllen.

2. Die Gemeinde kann den ihr in § 2 übertragenen Aufgaben nur gerecht werden, wenn sie über eine ausreichende Leistungsfähigkeit verfügt. Soweit dies nicht der Fall ist, muß die Möglichkeit gegeben sein, durch Bildung engerer Gemeindeverbände und durch sonstige Gemeinschaftseinrichtungen die Erfüllung der öffentlichen Aufgaben auch für solche Gemeinden sicherzustellen. Diese Möglichkeiten eröffnet die Vorschrift des § 120.

Die Durchführung der Grenzänderungen bei Gemeinden ist im übrigen in den §§ 13ff. im einzelnen geregelt.

§ 5

(1) Einwohner der Gemeinde ist, wer in der Gemeinde wohnt. Bürger ist, wer das Bürgerrecht in der Gemeinde besitzt.

(2) Der Bürger muß seine Kräfte jederzeit ehrenamtlich dem Wohl der Gemeinde widmen. Wer zu ehrenamtlicher Tätigkeit bestellt wird, muß sich durch uneigennützige und verantwortungsbewußte Führung der Geschäfte dieses Vertrauens würdig erweisen und der Allgemeinheit Vorbild sein.

Zu § 5: 1. Die Gemeindeordnung geht von dem Grundsatz der Einwohnergemeinde aus. Wer in der Gemeinde wohnt, unterliegt danach als Einwohner der Herrschaftsgewalt der Gemeinde (vgl. z. B. §§ 17, 18). Dabei legt das Gesetz den öffentlichrechtlichen Wohnsitzbegriff zugrunde.

Eine besondere Stellung unter den Einwohnern nehmen die Bürger ein. Bürger sind, wie sich aus § 19 der Gemeindeordnung ergibt, die deutschen Staatsbürger, die das fünfundzwanzigste Lebensjahr vollendet haben, seit mindestens einem Jahr in der Gemeinde wohnen und die bürgerlichen Ehrenrechte besitzen.

Das Gesetz hält an dieser schon früher gebräuchlichen Trennung zwischen Einwohnern und Bürgern auch nach Fortfall der öffentlichen Wahlen deshalb fest, weil die Bekleidung gemeindlicher Ehrenämter nicht jedem Einwohner, sondern nur solchen Persönlichkeiten offenstehen kann, die die besonderen Voraussetzungen des Bürgers erfüllen. Im übrigen wird auf die Begründung zu § 19 Bezug genommen.

2. Es ist ein charakteristisches Merkmal gemeindlicher Selbstverwaltung, daß in ihr der ehrenamtlichen Mitwirkung der Bürger in weitem Umfange Raum gegeben ist. Die Gemeindeordnung ist in zahlreichen Vorschriften bemüht, das ehrenamtliche Element in der Selbstverwaltung nicht nur zu erhalten, sondern nach Möglichkeit auszubauen. Diesem Bestreben entspricht auf der anderen Seite die Verpflichtung des Bürgers, sich zur Übernahme ehrenamtlicher Tätigkeit jederzeit zur Verfügung zu stellen und ehrenamtliche Tätigkeit als uneigennützigen Dienst an der Gemeinschaft zu betrachten (§ 5 Abs. 2).

§ 6

(1) Leiter der Gemeinde ist der Bürgermeister. Er wird von den Beigeordneten vertreten.

(2) Bürgermeister und Beigeordnete werden durch das Vertrauen von Partei und Staat in ihr Amt berufen. Zur Sicherung des Einklangs der Gemeindeverwaltung mit der Partei wirkt der Beauftragte der NSDAP. bei bestimmten Angelegenheiten mit. Die stete Verbundenheit der Verwaltung mit der Bürgerschaft gewährleisten die Gemeinderäte; sie stehen als verdiente und erfahrene Männer dem Bürgermeister mit ihrem Rat zur Seite.

Zu § 6: Der § 6 gibt in wenigen Sätzen eine zusammenfassende Darstellung des Aufbaues der neuen Gemeindeverfassung, wie sie in dem Fünften Teil der Gemeindeordnung geregelt ist. Auf die Begründung zu den einzelnen Vorschriften dieses Teiles wird Bezug genommen.

§ 7

Die Gemeinden haben ihr Vermögen und ihre Einkünfte als Treuhänder der Volksgemeinschaft gewissenhaft zu verwalten. Oberstes Ziel ihrer Wirtschaftsführung muß sein, unter Rücksichtnahme auf die wirtschaftlichen Kräfte der Abgabepflichtigen die Gemeindefinanzen gesund zu erhalten.

Zu § 7: Auf die besondere Bedeutung einer geordneten und gesunden Finanzwirtschaft der Gemeinden ist bereits in dem allgemeinen Teil der Begründung hingewiesen. Der § 7 bringt in grundsätzlicher Form die den Gemeinden auf diesem Gebiet obliegenden Pflichten zum Ausdruck und bezeichnet die Gesunderhaltung der Gemeindefinanzen unter Rücksichtnahme auf die wirtschaftlichen Kräfte der Abgabepflichtigen als oberstes Ziel gemeindlicher Wirtschaftsführung. Die Vorschriften, die im einzelnen diese Zielsetzung sichern, enthält der Sechste Teil der Gemeindeordnung, auf dessen Begründung Bezug genommen wird.

§ 8

(1) Der Staat führt die Aufsicht über die Gemeinden.

(2) Die Aufsicht schützt die Gemeinden in ihren Rechten und sichert die Erfüllung ihrer Pflichten.

Zu § 8: 1. Die Vorschrift des § 8 Abs. 1 hat im Zuge des Neuaufbaues des Reiches grundlegende Bedeutung. Während die Aufsicht über die Gemeinden bisher ausschließlich Aufgabe der Länder war, überführt die Gemeindeordnung diese Aufsicht nunmehr auf das Reich und zieht damit die Folgerungen aus der reichsrechtlichen Regelung des Gemeinderechts. Das schließt selbstverständlich nicht aus, daß der Reichsminister des Innern im Wege der Durchführungsverordnung für eine Übergangszeit Aufsichtsbefugnisse bei den Zentralbehörden der Länder beläßt; auch in diesem Falle wird jedoch das Reich die großen Richtlinien für die Handhabung der Aufsicht geben.

2. Im nationalsozialistischen Staate ist für eine Betrachtung des Verhältnisses von Staat und Gemeinde, wie sie den liberalistischen und parlamentarischen Staat beherrschte, kein Raum (vgl. den allg. Teil der Begründung). Die Aufsicht des Staates kann deshalb ihre Aufgabe nicht mehr allein darin erblicken, die Innehaltung der der Selbstverwaltung gezogenen Schranken zu überwachen; sie muß sich darüber hinaus als vornehme Pflicht angelegen sein lassen, die Gemeinden in ihren Rechten zu schützen und die gemeindliche Selbstverwaltung nach Kräften zu fördern. Diese Grundgedanken bringt § 8 Abs. 2 zum Ausdruck.

Zweiter Teil

Benennung und Hoheitszeichen der Gemeinden

§ 9

(1) Städte sind die Gemeinden, die diese Bezeichnung nach bisherigem Recht führen. Die Gemeinden können auch andere Bezeichnungen, die auf der ge-

schichtlichen Vergangenheit, der Eigenart oder der Bedeutung der Gemeinde beruhen, weiterführen.

(2) Der Reichsstatthalter kann nach Anhörung der Gemeinde Bezeichnungen verleihen und ändern.

Zu § 9: Die Deutsche Gemeindeordnung schafft einheitliches Recht für alle deutschen Gemeinden. Damit verläßt sie den in zahlreichen Ländern bestehenden Zustand der Sonderregelung der Verfassungsverhältnisse für einzelne Gemeindearten (vgl. die früheren Städte- und Landgemeindeordnungen). Diesen Sonderregelungen liegen weitgehend historische Gegebenheiten zugrunde, für die eine sachliche Begründung im Laufe der Entwicklung immer mehr verloren gegangen ist. Die durch die Gemeindeordnung herbeigeführte Vereinheitlichung des Verfassungsstandes schließt im übrigen nicht aus, daß Einzelfragen der Gemeindeverfassung für Gemeinden bestimmter Größe (vgl. z. B. § 39) und besonderer Bedeutung wie etwa die Stadtkreise (vgl. § 40) besonders geregelt werden.

Die Gemeindeordnung hat auch den Versuch des preußischen Gemeindeverfassungsgesetzes nicht weiter verfolgt, für bestimmte typische Gemeinden, wie z. B. die Bauerndörfer, verfassungsrechtliche Besonderheiten vorzusehen, da ein zwingendes Bedürfnis für solche Einrichtungen kaum vorliegt.

Bei diesen Ausgangspunkten bleibt für eine Einteilung der Gemeinden nach ihrer besonderen verfassungsrechtlichen Stellung kein Raum mehr. In § 9 sind deshalb lediglich die Bezeichnungen der Gemeinden geregelt. Danach führen sie grundsätzlich die Bezeichnung „Gemeinde". Ausnahmen bestehen nur nach folgenden Richtungen:

1. Gemeinden, die nach der bisherigen Rechtslage die Bezeichnung „Stadt" führten, behalten diese Bezeichnung, gleichgültig, ob sie daneben früher nach einer Städteordnung verwaltet wurden oder nicht.
2. Soweit Gemeinden bisher sonstige *besondere* Bezeichnungen führten, wie z. B. Kreisstadt, Bad, Flecken, Markt usw., verbleibt es hierbei. Dagegen fällt die Bezeichnung „Landgemeinde", die keine *besondere* Bezeichnung im Sinne des § 9 Abs. 1 Satz 2 ist, allgemein fort.

Diesen durch die Gemeindeordnung geschaffenen Zustand kann nicht die einzelne Gemeinde, sondern nur der Reichsstatthalter ändern, dem diese Zuständigkeit im Interesse möglichster Entlastung der Zentralstellen übertragen ist. Derartige Änderungen können stets nur nach Anhörung der Gemeinde ausgesprochen werden und haben sich im Rahmen allgemeiner Richtlinien zu halten, die der Reichsminister des Innern vorschreiben wird.

Nur die durch § 9 bestimmten oder auf seiner Grundlage festgesetzten Bezeichnungen sind für den amtlichen Verkehr maßgebend. Andere Bezeichnungen sind insoweit unzulässig.

§ 10

Die Gemeinden führen ihre bisherigen Namen. Der Reichsstatthalter spricht nach Anhörung der Gemeinde die Änderung von Gemeindenamen aus und bestimmt die Namen neu gebildeter Gemeinden. Das gleiche gilt für die besondere Benennung von Gemeindeteilen.

Zu § 10: Die Änderung von Gemeindenamen und die Bestimmung der Namen neugebildeter Gemeinden galten bereits bisher als Hoheitsrechte des Staates, wenn auch auf diesem Gebiete der Staat regelmäßig nur dann tätig wurde, wenn die Gemeinde selbst entsprechende Anregungen gab. § 10 behält diesen Zustand bei. Daraus folgt, daß die Gemeinde im amtlichen Verkehr nur den Namen führen darf, den sie entweder bisher führt oder der ihr durch staatshoheitlichen Akt verliehen worden ist.

Zuständig zum Ausspruch von Namensänderungen, zur Bestimmung der Namen neugebildeter Gemeinden und zur besonderen Benennung von Gemeindeteilen ist ausschließlich der Reichsstatthalter, der zuvor die beteiligte Gemeinde zu hören hat. Auch hier soll die Zuständigkeit des Reichsstatthalters die Zentralinstanzen entlasten; dabei wird sich allerdings im Interesse einer Abstimmung der Gemeindenamen für das ganze Reich nicht vermeiden lassen, in der Ausführungsanweisung vor Ausspruch von Namensänderungen usw. die Herbeiführung der Stellungnahme des Statistischen Reichsamts vorzusehen. Ebenso wird vorgeschrieben werden, daß sonstige interessierte Dienststellen, wie z. B. Reichsbahn, Reichspost usw., vorher zu hören sind.

§ 11

(1) Die Gemeinden führen Dienstsiegel.

(2) Die Gemeinden führen ihre bisherigen Wappen und Flaggen. Der Reichsstatthalter kann Gemeinden das Recht verleihen, Wappen und Flaggen zu führen. Er kann Wappen und Flaggen ändern. Die Gemeinde ist vorher zu hören.

Zu § 11: 1. Die Sonderstellung der Gemeinden als öffentlicher Hoheitsträger kommt auch darin zum Ausdruck, daß sie ein Dienstsiegel führen.

2. Aus den gleichen Erwägungen sieht § 11 Abs. 2 die Möglichkeit der Verleihung des Rechts zur Wappen- und Flaggenführung an Gemeinden vor. Dieses Recht verleiht nach Anhörung der Gemeinde der Reichsstatthalter, der auch Wappen und Flaggen ändern kann. Die Zuständigkeit des Reichsstatthalters rechtfertigt sich aus den zu §§ 9, 10 erörterten Gründen, wobei vorbehalten bleibt, auch hinsichtlich der Gemeindewappen im Interesse einer guten und einheitlichen Heraldik die Archivbehörden im Wege der Ausführungsanweisung in diesen Fragen einzuschalten.

Dritter Teil

Gemeindegebiet

§ 12

(1) Das Gebiet (die Gemarkung) der Gemeinde bilden die Grundstücke, die nach geltendem Recht zu ihr gehören. Grenzstreitigkeiten entscheidet die Aufsichtsbehörde.

(2) Jedes Grundstück soll zu einer Gemeinde gehören. Aus besonderen Gründen können Grundstücke außerhalb einer Gemeinde verbleiben (gemeindefreie Grundstücke, Gutsbezirke).

Zu § 12: 1. § 12 Abs. 1 geht bei der Festlegung des Gebietes der einzelnen Gemeinden von dem Zustand aus, der bei Inkrafttreten der Gemeindeordnung besteht. Dabei ist jedoch nicht der tatsächliche, sondern der rechtliche Zustand maßgebend. Soweit bei dieser Regelung über die Grenzen einzelner Gemeinden Zweifel offen bleiben oder in Zukunft entstehen, trifft die Aufsichtsbehörde hierüber Entscheidung; diese Entscheidung ist endgültig. In Abkehr von der Regelung in einzelnen Ländern findet demnach in Zukunft ein Verwaltungsstreitverfahren über diese Fragen unmittelbar oder im Anschluß an die Entscheidung der Aufsichtsbehörde nicht mehr statt, da die Aufsichtsbehörde weit eher in der Lage ist, bei derartigen Streitigkeiten auf einen gütlichen Ausgleich hinzuwirken. Damit läßt sich in vielen Fällen eine auch praktisch zweckmäßige Lösung erreichen, die bei rein rechtlicher Entscheidung nicht immer gewährleistet ist. Im übrigen wird das Verfahren für die Entscheidung derartiger Grenzstreitigkeiten in der Ausführungsanweisung näher geregelt werden.

2. § 12 Abs. 2 stellt grundsätzlich fest, daß jedes Grundstück zu einer Gemeinde gehören soll. Soweit dieser Zustand bisher deshalb noch nicht herbeigeführt ist, weil hier und dort die Eingliederung sogenannter kommunalfreier Grundstücke in Gemeinden aus Versehen usw. noch nicht erfolgte, wird eine allgemeine Bereinigung durchgeführt werden. Abweichend von dieser grundsätzlichen Regelung läßt jedoch der § 12 Abs. 2 Satz 2 die Möglichkeit des Verbleibs von Grundstücken außerhalb des Gemeindegebiets aus besonderen Gründen zu. Diese Ausnahme, für die stets ganz besondere Gesichtspunkte vorliegen müssen, ist in bestimmten Fällen (z. B. große Waldgebiete, Wassergebiete usw.) auch im Interesse der Gemeinden selbst zweckmäßig. Die für die Wahrnehmung öffentlicher Aufgaben bei solchen Grundstücken notwendigen Vorschriften erläßt der Reichsminister des Innern gemäß § 119 Nr. 2 durch Verordnung. Bis zum Erlaß dieser Verordnung wird das bestehende Landesrecht auf Grund der Vorschrift des § 121 aufrechterhalten bleiben.

§ 13

Gemeindegrenzen können aus Gründen des öffentlichen Wohles geändert werden. Das gleiche gilt, wenn Gemeinden aufgelöst oder neu gebildet und wenn Gemeinden oder Gemeindeteile zu gemeindefreien Grundstücken (Gutsbezirken) erklärt werden sollen.

Zu § 13: Der § 13 bedeutet einen Schlußschritt in der Entwicklung, die das sog. Eingemeindungsrecht im letzten Jahrzehnt genommen hat. Er stellt als obersten Grundsatz die alleinige Maßgeblichkeit des öffentlichen Wohles für die Änderung von Gemeindegrenzen fest und entzieht damit diese Frage der subjektiven Sphäre der Interessenten. Gemeindegrenzänderungen sind danach nicht mehr von irgendeiner Zustimmung von Gemeinden abhängig, sondern werden lediglich durch das übergeordnete Interesse der Allgemeinheit bestimmt. Welche Grundsätze für die staatliche Grenzänderungspolitik im einzelnen und bei einer Neugliederung der Gemeinden nach territorialer Größe zur Anwendung kommen sollen, ist in § 4 angedeutet.

§ 13 bezieht sich auf jede Form der Änderung des Gemeindegebiets (z. B. Eingliederung, Zusammenlegung, Auflösung und Neubildung von Gemeinden). Er sieht darüber hinaus auch die Möglichkeit der Erklärung von Gemeinden und Gemeindeteilen zu gemeindefreien Grundstücken (§ 12 Abs. 2) vor, wobei selbstverständlich ist, daß solche Gebietsänderungen ebenso wie die Aufrechterhaltung gemeindefreier Grundstücke durch ganz besondere Gründe gerechtfertigt sein müssen.

§ 14

(1) Die Gemeinden haben die Absicht von Verhandlungen über die Änderung ihres Gebietes der Aufsichtsbehörde rechtzeitig vorher anzuzeigen.

(2) Die Aufsichtsbehörde kann jederzeit die Leitung der Verhandlungen übernehmen.

(3) Vereinbarungen der Gemeinden (Eingemeindungsverträge) werden nur wirksam, wenn sie bei Änderung des Gemeindegebiets bestätigt werden.

Zu § 14: 1. Die Änderung von Gemeindegrenzen erfolgt durch Hoheitsakt des Staates (vgl. § 15). Es sprechen jedoch Gründe verwaltungsmäßiger Zweckmäßigkeit dafür, bei der Vorbereitung derartiger Grenzänderungen den Gemeinden zur Klärung der zahlreichen mit einer solchen Maßnahme zusammenhängenden Fragen eine Mitwirkungsmöglichkeit zu geben. § 14

Abs. 1 läßt demnach Verhandlungen der Gemeinden über die Änderung ihres Gebiets grundsätzlich zu. Derartige Verhandlungen sind jedoch nur dann sinnvoll, wenn sie nach den allgemeinen Grundsätzen staatlicher Grenzänderungspolitik irgendwie Aussicht auf spätere Verwirklichung haben. Ist dies nicht der Fall, so führen derartige Verhandlungen nur zu einer zwecklosen Beunruhigung der beteiligten Bevölkerung. Aus diesem Grunde verpflichtet § 14 Abs. 1 die Gemeinden, die Absicht solcher Verhandlungen vor ihrer Einleitung der Aufsichtsbehörde rechtzeitig mitzuteilen, die nach § 14 Abs. 2 in geeigneten Fällen auch die Leitung der Verhandlungen übernehmen kann. Macht sie von dieser Befugnis Gebrauch, so sind den Gemeinden in der Folgezeit Verhandlungen nur noch auf Anberaumung durch die Aufsichtsbehörde hin gestattet.

2. Das Rechtsinstitut der sog. Eingemeindungsverträge ist in den letzten Jahren lebhaft umstritten gewesen. In der Vergangenheit ist es wiederholt vorgekommen, daß die Bereitwilligkeit von Gemeinden zu einer Grenzänderung durch weitgehende, wirtschaftlich nicht immer vertretbare Versprechungen der aufnehmenden Gemeinden erkauft worden ist, deren spätere Durchführung im übrigen sehr oft unterblieb. Das hat in eingegliederten Gebietsteilen vielfach zu Verstimmungen und Verärgerungen geführt, die besser vermieden worden wären. Das preußische Gemeindeverfassungsgesetz hat deshalb den Abschluß derartiger Verträge überhaupt für unzulässig erklärt. § 14 Abs. 3 geht nicht so weit, sieht aber bei Bejahung der grundsätzlichen Zulässigkeit solcher Verträge vor, daß sie nur wirksam werden, wenn sie bei Änderung des Gemeindegebiets bestätigt werden. Damit kann den oben erwähnten Bedenken hinreichend vorgebeugt werden. Im übrigen wird auch dafür Sorge getragen werden, daß die Durchführung von Zusagen in Eingemeindungsverträgen auch dann erfolgt, wenn durch die Eingemeindung die Rechtspersönlichkeit einer vertragschließenden Gemeinde und damit der Vertragsberechtigte untergeht.

Zuständig zum Ausspruch der Bestätigung ist, wie sich aus § 15 ergibt, der Reichsstatthalter.

§ 15

(1) Der Reichsstatthalter spricht nach Anhörung der Gemeinde die Änderung des Gemeindegebiets aus.

Gleichzeitig bestimmt er den Tag der Rechtswirksamkeit und regelt, soweit erforderlich, die Rechtsnachfolge, das Ortsrecht und die neue Verwaltung.

(2) Die Aufsichtsbehörde regelt die Auseinandersetzung. Ihr Spruch begründet Rechte und Pflichten der Beteiligten und bewirkt den Übergang, die Beschränkung und Aufhebung von dinglichen Rechten. Die Aufsichtsbehörde ersucht die zuständigen Behörden um die Berichtigung des Grundbuches, des Wasserbuches und anderer öffentlicher Bücher. Sie ist befugt, Unschädlichkeitszeugnisse auszustellen.

Zu § 15: 1. § 15 stellt zunächst klar, daß Gemeindegrenzänderungen im Einzelfalle entsprechend ihrem Wesen als organisatorische Staatshoheitsakte nicht Gegenstand der Gesetzgebung, sondern der verwaltungsmäßigen Entscheidung sind. Sie spricht der Reichsstatthalter nach Anhörung der Gemeinde und nach näherer Vorschrift der Ausführungsanweisungen der sonst beteiligten Stellen (z. B. Justizverwaltung wegen der Rückwirkung auf die Gerichtsbezirke usw.) aus. Auch hier ist ebenso wie in den Fällen der §§ 9—11 die Zuständigkeit des Reichsstatthalters aus Gründen möglichster Entlastung der Zentralinstanzen vorgesehen. Es bleibt jedoch vorbehalten, im Wege der Anweisung an die Reichsstatthalter einheitliche Richtlinien zu geben und zugleich folgende Anordnungen zu treffen:

a) Die Erledigung geringfügiger Gebietsänderungen läßt entsprechend der bisherigen Praxis eine Übertragung der Zuständigkeit des Reichsstatthalters auf nachgeordnete Behörden zu.
b) Bei Gebietsänderungen von größerer Bedeutung bleibt im Interesse einheitlicher Handhabung eine über den Erlaß von Richtlinien hinausgehende Einschaltung der Zentralinstanzen vorbehalten.

Im übrigen wird zur Klarstellung bemerkt, daß sich die Zuständigkeit des Reichsstatthalters nach § 15 nur auf die Änderung von G e m e i n d e g r e n z e n bezieht. Hat die Änderung der Gemeindegrenzen zugleich eine Änderung der Grenzen von Landkreisen und Provinzen im Gefolge, so behält es bis zum Erlaß der neuen Verfassungsgesetze für die Gemeindeverbände bei den bestehenden Vorschriften sein Bewenden.

Im Zusammenhang mit der Änderung des Gemeindegebiets hat der Reichsstatthalter in jedem Falle auch den Tag ihrer Rechtswirksamkeit zu bestimmen. Des weiteren ist, soweit hierfür ein Bedürfnis besteht, im Interesse klarer Rechtsverhältnisse vorbehaltlich der späteren Auseinandersetzung (§ 15 Abs. 2) die Rechtsnachfolge zu regeln, die reibungslose Überleitung des Ortsrechts zu sichern und die neue Verwaltung zu ordnen. Anordnungen der letztgenannten Art sind insbesondere die Anrechnung der Wohndauer in der früheren Wohngemeinde zum Erwerb des Bürgerrechts, die Ergänzung ehrenamtlicher Gemeindeorgane, die Beendigung ihrer Amtszeit u. a. m. Dagegen beziehen sich derartige Anordnungen nicht auf die Rechtsverhältnisse der hauptamtlichen Gemeindebeamten, die in dem Reichsgesetz vom 30. Juni 1933 (RGBl. I S. 433) besonders geregelt sind.

2. Hinsichtlich der Regelung der Auseinandersetzung zwischen den Beteiligten in § 15 bedarf nur die Frage der Erörterung, wem die Bewirkung dieser Auseinandersetzung zu übertragen war. Nach früherem Recht waren insoweit die Verwaltungsbeschlußbehörden und die Verwaltungsgerichte weitgehend beteiligt. Nach Beseitigung der Beschlußbehörden in großen Ländern kommt diese Lösung ohnehin in Fortfall. Aber auch eine Übertragung der Auseinandersetzung auf die Verwaltungsgerichte empfiehlt sich nicht. Die in diesem Verfahren zu entscheidenden Fragen liegen weit weniger auf dem Gebiete der Rechtsfindung als vielmehr auf dem des billigen Ausgleichs zwischen den Beteiligten, der viel zweckmäßiger durch eine Verwaltungsbehörde als durch ein Verwaltungsgericht herbeigeführt werden kann. Dabei ist nicht verkannt worden, daß es sich hier für die Gemeinden um oft recht weittragende Fragen namentlich finanzieller Art handelt. Es wird deshalb in der Ausführungsanweisung ein in gewissem Umfang förmliches Verfahren vor der Aufsichtsbehörde vorgeschrieben werden, das den Beteiligten nicht nur rechtliches Gehör sichert, sondern auch die Möglichkeit einer kontradiktorischen Verhandlung offen läßt.

Die Frage, ob die Auseinandersetzung nicht ebenso wie der Ausspruch der Grenzänderungen dem Reichsstatthalter zu übertragen sei, hat das Gesetz verneint. Die Auseinandersetzung erfordert möglichste Nähe der entscheidenden Behörde zu den Beteiligten, die nur die Aufsichtsbehörde besitzt.

Die weiter in § 15 Abs. 2 vorgesehenen Vorschriften sollen der möglichst schnellen Herbeiführung eines klaren Rechtszustandes zwischen den Beteiligten nach Abschluß der Auseinandersetzung dienen. Aus diesem Grunde ist auch der Aufsichtsbehörde, nicht den Gemeinden, die Aufgabe zugewiesen, die zuständigen Behörden um die Berichtigung des Grundbuches, des Wasserbuches und anderer öffentlicher Bücher zu ersuchen.

§ 16

Rechtshandlungen, die aus Anlaß der Änderung des Gemeindegebiets erforderlich werden, sind frei von öffentlichen Abgaben, Stempeln und Gebühren. Das gleiche gilt für Berichtigungen, Eintragungen und Löschungen nach § 15 Abs. 2.

Zu § 16: Es entspricht der Auffassung des Gesetzes über die Rechtsnatur von Grenzänderungen als ausschließlich staatlicher Hoheitsakte, wenn § 16 die Rechtshandlungen, die aus Anlaß der Änderung des Gemeindegebiets erforderlich werden, von öffentlichen Abgaben, Stempeln und Gebühren freistellt. Diese Kosten und die weiter in § 16 Satz 2 genannten den Gemeinden aufzuerlegen, ist bei dem oben genannten Ausgangspunkt sachlich nicht begründet.

Zur Klarstellung wird im übrigen bemerkt, daß Rechtshandlungen im Sinne des § 16 nicht nur solche sind, die sich unmittelbar aus der Grenzänderung ergeben, sondern auch solche, die in Durchführung einer Auseinandersetzung gemäß § 15 Abs. 2 erforderlich werden.

Vierter Teil

Einwohner und Bürger

§ 17

(1) Die Einwohner sind nach den hierüber bestehenden Vorschriften berechtigt, die öffentlichen Einrichtungen der Gemeinde zu benutzen, und verpflichtet, die Gemeindelasten zu tragen.

(²) Grundbesitzer und Gewerbetreibende, die nicht in der Gemeinde wohnen, sind in gleicher Weise berechtigt, die öffentlichen Einrichtungen zu benutzen, die in der Gemeinde für Grundbesitzer oder Gewerbetreibende bestehen, und verpflichtet, für ihren Grundbesitz oder Gewerbebetrieb im Gemeindegebiet zu den Gemeindelasten beizutragen.

(³) Diese Vorschriften gelten entsprechend für juristische Personen und Personenvereinigungen.

Zu § 17: § 17 regelt die allgemeinen Rechte und Pflichten der Einwohner. Diese Rechte erschöpfen sich anders als bei den Bürgern in der Mitbenutzung der öffentlichen Einrichtungen der Gemeinde, der es im übrigen überlassen bleibt, in Ermangelung gesetzlicher Vorschriften Voraussetzungen, Bedingungen und Art dieser Benutzung zu regeln. Auf der anderen Seite sind die Einwohner ebenso wie die Bürger verpflichtet, die Gemeindelasten zu tragen. Der Umfang dieser Verpflichtung wird in der Gemeindeordnung selbst nicht näher geregelt. Bis zum Erlaß eines Reichsgemeindeabgabengesetzes bleiben insoweit die bestehenden gesetzlichen und ortsrechtlichen Vorschriften maßgebend.

Im Rahmen des § 17 Abs. 2 werden den Einwohnern solche Grundbesitzer und Gewerbetreibende gleichgestellt, die zwar nicht in der Gemeinde wohnen, dafür aber Grundbesitz oder Gewerbebetrieb in der Gemeinde haben. Im übrigen finden nach § 17 Abs. 3 die für die Einwohner und die außerhalb wohnenden Grundbesitzer und Gewerbetreibenden getroffenen Vorschriften für juristische Personen und Personenvereinigungen entsprechende Anwendung. Eine nähere Begründung zu diesen Vorschriften ist nicht erforderlich.

§ 18

(¹) Die Gemeinde kann bei dringendem öffentlichen Bedürfnis durch Satzung mit Genehmigung der Aufsichtsbehörde für die Grundstücke ihres Gebietes den Anschluß an Wasserleitung, Kanalisation, Müllabfuhr, Straßenreinigung und ähnliche der

Volksgesundheit dienende Einrichtungen (Anschlußzwang) und die Benutzung dieser Einrichtungen und der Schlachthöfe (Benutzungszwang) vorschreiben.

(2) Die Satzung kann Ausnahmen vom Anschluß- und Benutzungszwang zulassen. Sie kann den Zwang auch auf bestimmte Teile des Gemeindegebiets und auf bestimmte Gruppen von Grundstücken oder Personen beschränken.

(3) In der Satzung können für den Fall der Zuwiderhandlung Zwangsgelder bis zur Höhe von 1000 Reichsmark angedroht werden. Auch kann die Satzung vorsehen, daß bei Weigerung des Verpflichteten Handlungen an seiner Stelle und auf seine Kosten vorgenommen werden. Die Zwangsgelder und die Kosten für die Ersatzvornahme werden im Verwaltungszwangsverfahren beigetrieben.

Zu § 18: Die Frage, inwieweit die Gemeinde die Einwohner zum Anschluß und zur Benutzung bestimmter öffentlicher Einrichtungen zwingen kann, war in den bisherigen Landesgesetzen nicht einheitlich beantwortet. Während einzelne Länder die Einführung eines derartigen Zwanges nur durch Polizeiverordnung zuließen, gaben andere, wie z. B. Preußen im Gemeindeverfassungsgesetz, Bayern und Thüringen, den Gemeinden die Befugnis, im Satzungswege teils einen Anschlußzwang, teils einen Anschluß- und Benutzungszwang vorzuschreiben. Dabei waren jedoch weder der Umfang dieser Zwangsrechte noch ihre Voraussetzungen übereinstimmend geregelt.

Bei der in der Gemeindeordnung zu treffenden Regelung war vorab die Frage zu entscheiden, ob die Einführung des Anschluß- und Benutzungszwanges der Polizei vorzubehalten oder der Gemeinde selbst zu überlassen sei. Die Gemeindeordnung entscheidet sich für die letztere Lösung. Dafür war weniger der Gedanke maßgebend, daß das Nebeneinander gemeindlicher Regelung, durch die die betreffende Einrichtung den Einwohnern zur Verfügung zu stellen war, und polizeilicher Ordnung, die den Anschluß- und Benutzungszwang anordnete, nicht befriedigend sei, als vielmehr der, daß die Voraussetzungen für polizeiliche Maßnahmen jeder Art, Gefährdung der öffentlichen Sicherheit und Ordnung, auf diesem Gebiete zu eng sind. Die Gemeinschaft erfordert nach den heutigen Anschauungen den unbedingten Vorrang vor den Interessen des einzelnen. Wenn eine Gemeinde bereit ist, den Einwohnern, einem dringenden Bedürfnis entsprechend, eine den gesundheitlichen Erfordernissen dienende Einrichtung zur Verfügung zu stellen, und dies nur bei Beteiligung aller Einwohner möglich ist, so muß sie nach dem oben erwähnten Grundgedanken in der Lage sein, auch etwa widerstrebende Elemente in den Dienst der Gemeinschaftsaufgabe zu zwingen. Diese Möglichkeit ist heute durch § 18 eröffnet. Dabei sei jedoch ausdrücklich klargestellt, daß ein derartiger Zwang aus rein fiskalischen Gründen nicht eingeführt werden kann.

Diese weitgehende Befugnis gemeindlicher Selbstgesetzgebung darf selbstverständlich nicht zu unbilligen Belastungen der Einwohnerschaft führen. Deshalb läßt § 18 die Einführung eines Anschluß- und Benutzungszwanges nur durch Satzung zu, die nach dem Willen des Gesetzes die allgemeine Zurverfügungstellung der Einrichtung, ihre Benutzung unter Ausspruch des Anschluß- oder Benutzungszwanges und auch das von den Einwohnern zu entrichtende Entgelt zu regeln hat. Abweichend von der Regelung des § 3 bedürfen solche Satzungen in vollem Umfange, also bezüglich aller oben genannten Bestandteile, der Genehmigung der Aufsichtsbehörde; die Aufteilung des Satzungsinhaltes auf mehrere Satzungen beseitigt diese Genehmigungspflicht nicht. Darüber hinaus bleibt es der Ausführungsanweisung überlassen, vor der Genehmigung solcher Satzungen ein Verfahren vorzuschreiben, das auch die Einwohner mit ihren Wünschen zu Worte kommen läßt. Den besonderen Bedürfnissen einzelner Teile der Einwohnerschaft trägt im übrigen auch bereits die Vorschrift des § 18 Abs. 2 Rechnung, die eine Beschränkung des Anschluß- und Benutzungszwanges nach sachlichen Gesichtspunkten zuläßt. Diese Ausnahmevorschrift ermöglicht es z. B., bestimmte Industriewerke, die auf die Benutzung besonderen Wassers angewiesen sind oder die bei besonders großem Verbrauch durch die Wasserentnahme aus der gemeindlichen Wasserleitung unbillig belastet würden, von der Benutzung der allgemeinen Wasserleitung freizustellen.

Der Kreis der Einrichtungen, zu deren Gunsten ein Anschluß-

und Benutzungszwang vorgeschrieben werden kann, ist im Gesetz nicht abschließend bestimmt. Diese Art der Regelung empfahl sich deshalb, weil das Bedürfnis auf diesem Gebiet sehr stark dem Wandel und der Entwicklung unterliegt. Dabei wird jedoch die Ausführungsanweisung dafür Sorge tragen, daß einer zu weitgehenden Anwendung derartiger Zwangsrechte über das sachliche Bedürfnis hinaus durch Richtlinien für die zur Genehmigung zuständigen Aufsichtsbehörden vorgebeugt wird. Zur Klarstellung wird im übrigen noch darauf hingewiesen, daß die in § 18 genannten Einrichtungen nicht notwendig im Eigentum der Gemeinde stehen müssen. Es genügt vielmehr, daß die Gemeinde sich auf derartige Einrichtungen im Wege des Vertrages oder sonstwie so weit Einfluß verschafft, daß ein allgemeines Benutzungsrecht der Einwohner zu angemessenen Bedingungen gesichert ist.

In § 18 Abs. 3 werden den Gemeinden die zur Durchsetzung des Anschluß- und Benutzungszwanges erforderlichen Zwangsmittel gegeben. Das Verfahren, in dem diese Mittel zur Anwendung kommen, ist in den Satzungen selbst zu regeln. Wegen der Rechtsmittel gegen die Verhängung derartiger Zwangsmittel wird im übrigen auf § 29 Bezug genommen.

§ 19

(1) Bürger der Gemeinde sind die deutschen Staatsbürger, die das fünfundzwanzigste Lebensjahr vollendet haben, seit mindestens einem Jahr in der Gemeinde wohnen und die bürgerlichen Ehrenrechte besitzen.

(2) Hauptamtliche Bürgermeister und hauptamtliche Beigeordnete werden Bürger ohne Rücksicht auf die Wohndauer mit dem Amtsantritt in der Gemeinde.

(3) Die Gemeinde kann mit Genehmigung der Aufsichtsbehörde das Bürgerrecht auch anderen Einwohnern ohne Rücksicht auf die Wohndauer verleihen.

(4) Das Bürgerrecht der Soldaten ruht.

Zu § 19: Der Gemeindebürger ist insoweit aus den sonstigen Einwohnern herausgehoben, als nur, wer das Bürgerrecht besitzt, zu ehrenamtlicher Tätigkeit herangezogen werden kann und zur Übernahme ehrenamtlicher Tätigkeit verpflichtet ist. Von diesen Gesichtspunkten aus waren demgemäß die Voraussetzungen des Bürgerrechts zu regeln.

1. Es ist selbstverständlich, daß nur deutsche Staatsbürger zu ehrenamtlicher Tätigkeit in der Gemeinde herangezogen werden können. Diese Vorschrift wird nach der Neuregelung des deutschen Staatsbürgerrechts erhöhte Bedeutung erlangen.

2. Bei der Bestimmung des Lebensalters, das für den Erwerb des Bürgerrechts maßgebend sein soll, war zu erwägen, ob insoweit die Vollendung des 21. Lebensjahres, der Beginn der Volljährigkeit, oder ein späterer Zeitpunkt festzusetzen sei. Das Gesetz hat sich hier für die Vollendung des 25. Lebensjahres entschieden. Dafür war einerseits die Erwägung maßgebend, daß die Bekleidung gemeindlicher Ehrenämter ein gewisses Maß von Erfahrungen voraussetzt, das vor Erreichung des fünfundzwanzigsten Lebensjahres regelmäßig nicht erworben ist, andererseits aber auch das Beispiel anderer Gesetze des neuen Reiches, die die Wahrnehmung ehrenamtlicher Aufgaben an die Vollendung des 25. Lebensjahres binden.

3. Wer in eine Gemeinde zuzieht, gewinnt erst allmählich die tiefere Einfühlung in die örtliche Gemeinschaft und lernt erst allmählich die örtlichen Verhältnisse und Gegebenheiten so weit kennen, daß er mit Erfolg eine ehrenamtliche Tätigkeit wahrnehmen kann. Aus diesen Gründen war es geboten, den Erwerb des Bürgerrechts an eine mindestens einjährige Wohndauer in der Gemeinde zu knüpfen.

Von dieser Regelung sind jedoch nach zwei Richtungen hin Ausnahmen zugelassen oder möglich:

a) Hauptamtliche Bürgermeister und Beigeordnete werden im Regelfalle nicht aus der Bürgerschaft der eigenen Gemeinde, sondern von auswärts berufen. Es ist selbstverständlich, daß sie das Bürgerrecht auch ohne einjährige Wohndauer in der Gemeinde mit dem Antritt des Bürgermeisters- bzw. Beigeordnetenamtes erwerben müssen (vgl. § 19 Abs. 2).

b) Auch in anderen Sonderfällen kann es geboten sein, einem

Einwohner das Bürgerrecht ohne Rücksicht auf die Wohndauer zu verleihen. Diese Durchbrechung des gesetzlichen Grundsatzes darf jedoch immer nur Ausnahmeerscheinung sein und ist deshalb an die Genehmigung der Aufsichtsbehörde gebunden (§ 19 Abs. 3). Dazu wird ausdrücklich bemerkt, daß die Verleihung des Bürgerrechts unter Abweichung von sonstigen Voraussetzungen des § 19 Abs. 1 schlechthin ausgeschlossen ist.

4. Das Ruhen des Bürgerrechts der Soldaten entspricht der Sonderstellung, die die Wehrmacht im Staate einnimmt.

§ 20

(1) Das Bürgerrecht erlischt

1. durch Wegzug aus der Gemeinde,
2. durch Verlust des deutschen Staatsbürgerrechts.

(2) Das Bürgerrecht wird verwirkt

1. durch ehrenrührigen Verlust des deutschen Staatsbürgerrechts oder der bürgerlichen Ehrenrechte,
2. durch Aberkennung nach den Vorschriften dieses Gesetzes.

(3) Die Gemeinde kann die Verwirkung des Bürgerrechts unter Anführung der Gründe öffentlich bekanntmachen.

Zu § 20: Der § 20 unterscheidet zwischen dem Erlöschen und der Verwirkung des Bürgerrechts. Die besondere Erwähnung der Verwirkung soll die Bedeutung des Bürgerrechts für das bürgerliche Leben und die bürgerliche Ehre hervorheben; sie hat, wie sich aus § 20 Abs. 3 ergibt, den Charakter einer Strafe und soll zugleich auch die Ämterannahme- und -führungspflicht (§§ 23, 24) sichern.

Die Gründe, die zum Erlöschen und zur Verwirkung des Bürgerrechts führen, brauchen nicht näher erörtert zu werden. Es bedarf lediglich noch eines Hinweises darauf, daß § 20 Abs. 3 die öffentliche Bekanntmachung der Verwirkung des Bürgerrechts nicht zwingend vorschreibt, sie vielmehr in das pflichtgemäße Ermessen der Gemeinde stellt, die damit auch besonderen Fällen Rechnung tragen kann.

§ 21

(1) Die Gemeinde kann deutschen Staatsbürgern, die sich um Volk und Staat oder um die Gemeinde besonders verdient gemacht haben, das Ehrenbürgerrecht verleihen. Die Verleihung des Ehrenbürgerrechts an Ausländer bedarf der Genehmigung der Aufsichtsbehörde.

(2) Die Gemeinde kann mit Genehmigung der Aufsichtsbehörde dem Ehrenbürger das Ehrenbürgerrecht wegen eines unwürdigen Verhaltens aberkennen.

(3) Mit der Verwirkung des Bürgerrechts wird auch das Ehrenbürgerrecht verwirkt.

Zu § 21: Es war nach dem früheren Recht in manchen Ländern ein Vorrecht der Städte, Ehrenbürgerrechte zu verleihen. Nach der Vereinheitlichung der Gemeindeverfassung für alle Gemeinden steht dieses Recht nunmehr jeder Gemeinde zu, da heute ein innerer Grund für die Beschränkung nicht mehr besteht. Dabei geht das Gesetz selbstverständlich davon aus, daß auch nach Ausdehnung des Kreises der berechtigten Gemeinden Ehrenbürgerrechte nur in solchen Fällen verliehen werden sollen, in denen hierzu ein ganz besonderer Anlaß für die Gemeinde besteht, da nur unter dieser Voraussetzung das Ehrenbürgerrecht die vom Gesetz gewollte Bedeutung und Wertschätzung behalten wird.

Das Ehrenbürgerrecht kann sowohl deutschen Staatsbürgern als auch Ausländern verliehen werden. Im letzteren Falle ist die Verleihung aus verständlichen Gründen nur mit Genehmigung der Aufsichtsbehörde zulässig. Für die Aberkennung des Ehrenbürgerrechts ist die Genehmigung allgemein vorgeschrieben; dadurch soll ein Schutz gegen willkürliche und sachlich nicht gerechtfertigte Aberkennungen gegeben werden, die Verstimmungen und Strömungen entspringen und für den betroffenen Ehrenbürger eine ungerechtfertigte Beeinträchtigung seiner Ehre bedeuten würden.

Daß im Falle der Verwirkung des Bürgerrechts auch etwa verliehene Ehrenbürgerrechte verwirkt sein müssen, ist selbstverständlich (§ 21 Abs. 3).

§ 22

(1) Der Bürgermeister bestellt die Bürger zu ehrenamtlicher Tätigkeit. Er kann die Bestellung jederzeit zurücknehmen. Für ehrenamtliche Bürgermeister, ehrenamtliche Beigeordnete und für Gemeinderäte gelten die besonderen Vorschriften dieses Gesetzes.

(2) Mit dem Verlust des Bürgerrechts endet jede ehrenamtliche Tätigkeit.

Zu § 22: 1. Die Auswahl einer Reihe von gemeindlichen Ehrenbeamten, wie z. B. der ehrenamtlichen Bürgermeister und Beigeordneten sowie der Gemeinderäte, ist in der Gemeindeordnung besonders geregelt (vgl. §§ 41, 51). Ihre Ernennung richtet sich im übrigen nach § 37 der Gemeindeordnung.

Die Vorschrift des § 22 Abs. 1 bezieht sich unter diesen Einschränkungen nur auf sonstige Ehrenbeamte und auf die zur Wahrnehmung einer sonstigen ehrenamtlichen Tätigkeit Bestellten, die nicht zu Ehrenbeamten ernannt werden. Die Bestellung zu solchen Ehrenämtern und zu sonstiger ehrenamtlicher Tätigkeit legt die Gemeindeordnung in die Hand des Bürgermeisters. Sie sieht im übrigen davon ab, die Zeit dieser ehrenamtlichen Tätigkeit festzusetzen, da die Verhältnisse zu verschieden sind, als daß sie einheitlicher Regelung zugänglich wären. Es bleibt deshalb dem Bürgermeister überlassen, diese Zeit im Einzelfalle zu bestimmen; darüber hinaus hat er die Möglichkeit, die Bestellung jederzeit zurückzunehmen.

2. Wenn nur der Bürger eine ehrenamtliche Tätigkeit wahrnehmen kann, so ergibt sich daraus von selbst, daß der Verlust des Bürgerrechts jede ehrenamtliche Tätigkeit beendet. Das gilt nicht nur für die in § 22 Abs. 1 Satz 1 genannten Ehrenbeamten und zu ehrenamtlicher Tätigkeit bestellten Personen, sondern

ebenso auch für die in § 22 Abs. 1 Satz 3 erwähnten Ehrenbeamten.

§ 23

(1) Der Bürger kann eine ehrenamtliche Tätigkeit aus wichtigen Gründen ablehnen oder sein Ausscheiden verlangen. Als wichtiger Grund gilt namentlich, wenn der Bürger

1. ein geistliches Amt verwaltet,
2. ein öffentliches Amt verwaltet und die Anstellungsbehörde feststellt, daß die ehrenamtliche Tätigkeit mit seinen dienstlichen Pflichten nicht vereinbar ist,
3. schon sechs Jahre ein öffentliches Ehrenamt verwaltet hat,
4. mindestens vier minderjährige Kinder hat,
5. mindestens zwei Vormundschaften oder Pflegschaften führt,
6. häufig oder langandauernd von der Gemeinde geschäftlich abwesend ist,
7. anhaltend krank oder
8. mehr als sechzig Jahre alt ist.

(2) Ob ein wichtiger Grund vorliegt, entscheidet die Gemeinde. Sie kann einen Bürger, der ohne wichtigen Grund eine ehrenamtliche Tätigkeit ablehnt oder niederlegt, in eine Buße bis zu 1000 Reichsmark nehmen und ihm das Bürgerrecht bis zur Dauer von sechs Jahren aberkennen. Die Buße wird im Verwaltungszwangsverfahren beigetrieben.

Zu § 23: 1. In § 5 Abs. 2 ist die Verpflichtung des Bürgers ausgesprochen, seine Kräfte jederzeit ehrenamtlich dem Wohle der Gemeinde zu widmen. Aus § 23 Abs. 1 ergibt sich, daß der Bürger auf Grund dieser Pflicht eine ehrenamtliche Tätigkeit übernehmen und sie während bestimmter Zeit, nämlich bis zur

Höchstdauer von 6 Jahren (§ 23 Abs. 1 Nr. 3), ausüben muß. Entzieht er sich der Übernahme ehrenamtlicher Tätigkeit oder ihrer mindestens sechsjährigen Ausübung, so verstößt er damit gegen seine Bürgerpflicht, es sei denn, daß ihm ein wichtiger Grund zur Seite steht. Der § 23 Abs. 1 zählt in Fortentwicklung des früheren Rechtszustandes eine Reihe von Gründen auf, die regelmäßig als wichtig zu betrachten sind. Diese Aufzählung ist jedoch nicht erschöpfend, so daß auch sonstige wichtige Gründe Berücksichtigung finden können.

In der Aufzählung des § 23 Abs. 1 ist im übrigen bemerkenswert, daß die Bekleidung eines öffentlichen Amtes nicht ohne weiteres von der Wahrnehmung ehrenamtlicher Tätigkeit in der Gemeinde freistellt, sondern nur dann, wenn die Anstellungsbehörde feststellt, daß die ehrenamtliche Tätigkeit mit den dienstlichen Pflichten eines Beamten nicht vereinbar ist. Diese Feststellung ist alsdann für die Gemeinde bei ihrer Entscheidung gemäß § 23 Abs. 2 bindend.

2. § 23 Abs. 2 gibt der Gemeinde die erforderlichen Mittel zur Sicherung der in §§ 5, 23 vorgesehenen Bürgerpflichten. Sie kann danach Bußen verhängen und das Bürgerrecht bis zur Dauer von 6 Jahren aberkennen, wenn sie bei Ablehnung oder Niederlegung ehrenamtlicher Tätigkeit das Vorliegen eines wichtigen Grundes verneint. Die Entscheidung dieser Frage und die Verhängung der in § 23 Abs. 2 genannten Nachteile steht der Gemeinde auch dann zu, wenn eine andere Stelle zur Berufung des Ehrenbeamten zuständig ist (vgl. z. B. §§ 41, 51). Wegen der Rechtsmittel für die Betroffenen wird im übrigen auf § 29 Bezug genommen.

§ 24

(1) Der Bürger, der zu ehrenamtlicher Tätigkeit bestellt wird, ist wie ein Gemeindebeamter zur Verschwiegenheit verpflichtet. Er darf die Kenntnis von Angelegenheiten, über die er verschwiegen zu sein hat, nicht unbefugt verwerten. Das gilt auch dann, wenn er nicht mehr ehrenamtlich tätig ist.

(2) Verletzt der Bürger diese Pflichten, so stehen der Gemeinde die Befugnisse nach § 23 Abs. 2 zu.

Zu § 24: 1. Die in § 24 erwähnte Verschwiegenheitspflicht der Ehrenbeamten entspricht der für das Reichsbeamtengesetz vorgesehenen Regelung. Eine besondere Vorschrift war an dieser Stelle jedoch deshalb geboten, weil auch die lediglich ehrenamtlich tätigen Bürger, die ein Ehrenamt im eigentlichen Sinne nicht innehaben, getroffen werden mußten. Das ist erforderlich, um die Geheimhaltung zu sichern und jede Ausnutzung der bei ehrenamtlicher Tätigkeit gewonnenen Einblicke für persönliche Zwecke im Interesse der Sauberkeit ehrenamtlicher Tätigkeit auszuschließen.

2. Die Rechtsfolgen im Falle einer Verletzung der in § 24 vorgesehenen Pflichten und die Rechtsmittel sind die gleichen wie im Falle des § 23 Abs. 2.

§ 25

(1) Der Bürger darf in seiner ehrenamtlichen Tätigkeit nicht bei Angelegenheiten beratend oder entscheidend mitwirken, wenn die Entscheidung ihm selbst, seinem Ehegatten, seinen Verwandten bis zum dritten oder Verschwägerten bis zum zweiten Grade oder einer von ihm kraft Gesetzes oder Vollmacht vertretenen Person einen unmittelbaren Vorteil oder Nachteil bringen kann. Das gilt auch, wenn der Bürger

1. in der Angelegenheit in anderer als öffentlicher Eigenschaft ein Gutachten abgegeben hat oder sonst tätig geworden ist,
2. gegen Entgelt bei jemand beschäftigt ist, der an der Erledigung der Angelegenheit ein persönliches oder wirtschaftliches Sonderinteresse hat.

Diese Vorschriften gelten nicht, wenn der Bürger an der Entscheidung der Angelegenheit lediglich als Angehöriger eines Berufes oder einer Bevölkerungsgruppe beteiligt ist, deren gemeinsame Interessen durch die Angelegenheit berührt werden.

(2) Darüber, ob die Voraussetzungen des Absatzes 1 vorliegen, entscheidet der Bürgermeister endgültig; soweit es sich um ihn selbst handelt, entscheidet sein allgemeiner Vertreter.

(3) Wer an der Beratung nicht teilnehmen darf, muß den Beratungsraum verlassen.

Zu § 25: 1. Es entspricht ungeschriebenen Grundsätzen jeder Verwaltungsführung, daß ein Beamter, der bei einer bestimmten Angelegenheit persönlich beteiligt ist, sich bei Vermeidung der Ungültigkeit seiner Handlungen jeder entscheidenden Mitwirkung zu enthalten hat. Bei der Bedeutung, die nach den Vorschriften der Gemeindeordnung auch der beratenden Mitwirkung zukommt, gebietet sich eine Ausdehnung dieses Grundsatzes auch auf die Beratung z. B. der Gemeinderäte und Beiräte von selbst.

Wann eine persönliche Beteiligung im Sinne des Gesetzes vorliegt, ist in § 25 tatbestandsmäßig festgelegt. Der Kreis dieser Tatbestände ist bewußt weit gezogen, um Vettern- und Cliquenwirtschaft von vornherein unmöglich zu machen.

2. Ob ein Tatbestand vorliegt, der einen ehrenamtlich tätigen Bürger von der Entscheidung und Beratung ausschließt, kann mitunter zweifelhaft sein. Deshalb überträgt § 25 Abs. 2 die endgültige Entscheidung dieser Frage dem Bürgermeister. Ein Rechtsmittel gegen seine Entscheidung ist nicht gegeben. Handelt es sich um den Bürgermeister selbst, so ist zur Vermeidung jeder Umständlichkeit, die eine Anrufung der Aufsichtsbehörde im Gefolge haben könnte, der allgemeine Vertreter des Bürgermeisters zur Entscheidung zuständig, dem nach der Konstruktion der Gemeindeverfassung in der neuen Gemeindeordnung ja auch sonst in Angelegenheiten, in denen der Bürgermeister persönlich beteiligt ist (z. B. Besoldungsfestsetzung für den Bürgermeister, Abschluß von Verträgen der Gemeinde mit dem Bürgermeister), die Entscheidung obliegt.

§ 26

Ehrenamtliche Bürgermeister, Beigeordnete und Gemeinderäte haben eine besondere Treupflicht gegenüber der Gemeinde. Sie dürfen Ansprüche Dritter gegen die Gemeinde nicht geltend machen, soweit sie nicht als gesetzliche Vertreter handeln. Das gilt auch für andere ehrenamtlich tätige Bürger, wenn der Auftrag mit den Aufgaben ihrer ehrenamtlichen Tätigkeit in Zusammenhang steht. Ob die Voraussetzungen dieses Verbots vorliegen, entscheidet der Bürgermeister endgültig, bei ihm selbst die Aufsichtsbehörde.

Zu § 26: 1. Ehrenamt und ehrenamtliche Tätigkeit sind Dienst an der Gemeinschaft und knüpfen zwischen Gemeinde und dem ehrenamtlich tätigen Bürger ein besonderes Treueverhältnis. Vornehmste Pflicht des Bürgers ist es deshalb, in allem das Interesse der Gemeinde zu vertreten und sich jeder Betätigung zu enthalten, die mit diesem besonderen Treueverhältnis nicht vereinbar ist. Dazu gehört auch die Geltendmachung von Ansprüchen Dritter gegen die Gemeinde, sei es als beruflicher Vertreter dieses Dritten, sei es auf Grund anderen Tatbestandes. Deshalb ist es ehrenamtlichen Bürgermeistern, Beigeordneten und Gemeinderäten, wenn sie nicht als gesetzliche Vertreter handeln, untersagt, Dritte gegenüber der Gemeinde zu vertreten. So darf z. B. ein Rechtsanwalt, der ehrenamtlicher Bürgermeister ist, kein Mandat gegen die Gemeinde übernehmen. Ebensowenig darf ein Ehrenbeamter, auch wenn er die Übernahme von Mandaten nicht berufsmäßig ausübt, etwa die Ansprüche eines Gemeindebeamten gegen die Gemeinde in dem Vorverfahren (z. B. § 7 des preuß. Kommunalbeamtengesetzes) vor der Aufsichtsbehörde vertreten.

Für sonstige ehrenamtlich tätige Bürger, die ein Ehrenamt nicht bekleiden, ist das Verbot der Geltendmachung von Ansprüchen Dritter gegen die Gemeinde eingeschränkt. Ihr Verhältnis zur Gemeinde ist weniger eng als das der Ehrenbeamten, so daß kein begründeter Anlaß besteht, ihnen die Geltendmachung solcher Ansprüche zu versagen, wenn der Auftrag in keinem Zusammenhang mit den Aufgaben ihrer ehrenamtlichen Tätigkeit steht.

2. Die endgültige Entscheidung darüber, ob ein Tatbestand

des § 26 vorliegt, ist dem Bürgermeister übertragen, wenn es sich um ihn selbst handelt, der Aufsichtsbehörde. In diesem Falle erschien abweichend von der Regelung des § 25 die Einschaltung der Aufsichtsbehörde zweckmäßig, da es sich hier nur um verhältnismäßig seltene Fälle handeln wird, die zudem anders als im Falle des § 25 einer besonders schleunigen Entscheidung regelmäßig nicht bedürfen. Im übrigen wird bemerkt, daß die Entscheidung des Bürgermeisters oder der Aufsichtsbehörde allgemein, also auch gegenüber den Gerichten, bindend ist.

3. Anders als das preußische Gemeindeverfassungsgesetz knüpft § 26 an die Verletzung des dort ausgesprochenen Gebotes keine besonderen Rechtsfolgen. Verstöße sind demnach nach den Vorschriften des Dienststrafrechts und gegebenenfalls durch Zurücknahme der Bestellung (§ 22) zu ahnden.

§ 27

(1) Die Gemeinde kann durch die Hauptsatzung ehrenamtlichen Bürgermeistern, Beigeordneten und Kassenverwaltern eine angemessene Aufwandsentschädigung bewilligen.

(2) Wer sonst ehrenamtlich tätig ist, hat nur Anspruch auf Ersatz seiner Auslagen und des entgangenen Arbeitsverdienstes im Rahmen von Zeugengebühren. Durch die Hauptsatzung können Durchschnittssätze festgesetzt werden.

(3) Die Ansprüche auf diese Bezüge sind nicht übertragbar.

Zu § 27: 1. In § 27 war die Frage zu entscheiden, inwieweit mit der Wahrnehmung ehrenamtlicher Tätigkeit die Gewährung einer besonderen Entschädigung vereinbar ist. Das Gesetz geht dabei grundsätzlich davon aus, daß das Ehrenamt nicht zur Pfründe werden darf, sondern uneigennütziger Dienst an der Gemeinschaft ist. Deshalb werden für die Wahrnehmung ehrenamtlicher Tätigkeit regelmäßig nur die Auslagen und der entgangene Arbeitsverdienst ersetzt. Zur Vereinfachung des Verfahrens ist dabei zugelassen, daß dieser Ersatz auf Grund näherer Regelung in der genehmigungspflichtigen Hauptsatzung nach Durchschnittssätzen geleistet werden darf; vorausgesetzt wird jedoch, daß hierdurch im Gesamtergebnis eine höhere Belastung der Gemeinde nicht eintritt.

Eine Ausnahme von den oben entwickelten Grundsätzen läßt § 27 Abs. 1 nach näherer Regelung der Hauptsatzung für ehrenamtliche Bürgermeister, Beigeordnete und Kassenverwalter zu. Insoweit entspricht es dem bisherigen Recht, wenn das Gesetz dem Bürgermeister für seine Mühewaltung eine angemessene Aufwandsentschädigung zubilligt. Darüber hinaus ist die Gewährung einer solchen Entschädigung an die Kassenverwalter (§ 94) auch schon im Hinblick auf das mit diesem Amt verbundene besondere Risiko gerechtfertigt. Wenn ferner auch die ehrenamtlichen Beigeordneten in diese Regelung einbezogen sind, so geschah dies deshalb, weil nach dem Willen des Gesetzes im Interesse einer Stärkung des ehrenamtlichen Elements in der Selbstverwaltung auch ehrenamtlichen Beigeordneten nach Möglichkeit bestimmte Arbeitsgebiete übertragen werden sollen. Dieser Gedanke läßt sich sehr oft nur dann durchführen, wenn solchen Beigeordneten entsprechend der Inanspruchnahme durch ein solches Dezernat eine Aufwandsentschädigung gewährt wird. Dagegen wird ein Anlaß zur Gewährung einer besonderen Entschädigung an solche Beigeordnete, denen kein Arbeitsgebiet zugewiesen ist, nicht vorliegen.

2. Die Vorschrift des § 27 Abs. 3, derzufolge Ansprüche auf die in § 27 Abs. 1 und 2 genannten Bezüge nicht übertragbar sind, entzieht diese Bezüge damit auch der Pfändung. Das ist gerechtfertigt, da es sich um eine Entschädigung für einen durch Ausübung des Ehrenamtes bedingten Aufwand handelt und nicht zugelassen werden kann, daß ehrenamtliche Tätigkeit in der Gemeinde durch den Zugriff des Gläubigers auf diese Bezüge behindert wird.

§ 28

(1) Die Hauptsatzung kann bestimmen, daß Bürgern, die mindestens zwanzig Jahre ein Ehrenamt ohne Tadel verwaltet haben, eine Ehrenbezeichnung verliehen werden kann.

(2) Die Gemeinde kann mit Genehmigung der

Aufsichtsbehörde die Ehrenbezeichnung wegen eines unwürdigen Verhaltens aberkennen.

(3) Mit der Verwirkung des Bürgerrechts wird auch die Ehrenbezeichnung verwirkt.

Zu § 28: 1. Wer seine Kraft durch lange Jahre ehrenamtlich dem Wohle der Allgemeinheit widmet, erwirbt sich damit den Dank der Gemeinde. Es entspricht einem auch früher geübten Brauche, wenn § 28 vorsieht, daß nach näherer Regelung der Hauptsatzung einem solchen Bürger eine Ehrenbezeichnung (z. B. Stadtältester) verliehen wird, die die Anerkennung der Gemeinde für die geleisteten Dienste auch nach außen zum Ausdruck bringt.

2. Die Aberkennung einmal verliehener Ehrenbezeichnungen ist aus den gleichen Gründen, wie sie zu § 21 Abs. 2 erörtert sind, an die Genehmigung der Aufsichtsbehörde gebunden. Auch hinsichtlich der Vorschrift des § 28 Abs. 3 gilt gleiches wie zu § 21 Abs. 3.

§ 29

(1) Gegen Verfügungen der Gemeinde, die

1. das Recht zur Mitbenutzung ihrer öffentlichen Einrichtungen,
2. die Festsetzung von Zwangsgeldern oder die Ersatzvornahme,
3. den Erwerb, das Erlöschen oder die Verwirkung des Bürgerrechts oder
4. die Verhängung von Bußen

betreffen, findet der Einspruch statt.

(2) Der Einspruch ist binnen zwei Wochen nach der Zustellung bei dem Bürgermeister einzulegen. Die Einspruchsfrist gilt als gewahrt, wenn der Einspruch rechtzeitig bei der Stelle eingelegt wird, die die Verfügung erlassen hat.

(3) Der Einspruch hat aufschiebende Wirkung, wenn die Verfügung selbst nichts anderes besagt.

Zu § 29: 1. Die Vorschriften des Vierten Teils der Gemeindeordnung geben den Gemeinden in einer Reihe von Fällen die Möglichkeit, in die Rechtsstellung des Einwohners und Bürgers tiefgehend einzugreifen. Soweit die Ausübung derartiger Befugnisse an eine besondere Genehmigung der Aufsichtsbehörde gebunden ist (vgl. §§ 21 Abs. 2, 28 Abs. 2) oder soweit Entscheidungen der Gemeinde ausdrücklich als endgültig bezeichnet sind (§§ 25 Abs. 2, 26), ist für ein besonderes Rechtsmittelverfahren kein Raum. Dagegen kann in den übrigen Fällen auf einen Rechtsschutz der Einwohner und Bürger nicht verzichtet werden. Hierbei war die Frage zu beantworten, wie dieser Rechtsschutz zu gestalten sei. Das Gesetz entscheidet sich dahin, daß die in § 29 genannten Angelegenheiten, bei denen die Entscheidung von Rechtsfragen im Vordergrund steht, dem Verwaltungsstreitverfahren nach vorausgegangenem Einspruchsverfahren, die in § 31 genannten Angelegenheiten, bei denen es sich in erster Linie um Ermessensentscheidungen handelt, dem Beschwerdeverfahren zu überweisen sind. Soweit danach das Verwaltungsstreitverfahren eröffnet ist, soll damit der in einem Reichsverwaltungsgesetz endgültig zu treffenden Entscheidung der Frage, ob und inwieweit im heutigen Staate für ein Verwaltungsstreitverfahren überhaupt Raum bleibt, nicht vorgegriffen werden. Es war jedoch geboten, bis zum Erlaß eines solchen Reichsverwaltungsgesetzes in der Deutschen Gemeindeordnung vorläufig eine Regelung zu treffen, die sich wesentlich der bisherigen Rechtsentwicklung auf diesem Gebiete anschließt.

2. Die Abs. 2 und 3 des § 29 regeln das dem Verwaltungsstreitverfahren vorgeschaltete Einspruchsverfahren und bestimmen, daß der Einspruch grundsätzlich aufschiebende Wirkung hat. Eine nähere Begründung zu diesen Vorschriften erübrigt sich.

§ 30

(1) Über den Einspruch entscheidet der Bürgermeister; gegen die ablehnende Entscheidung ist die Klage im Verwaltungsstreitverfahren zulässig.

(2) Die Klage kann nur darauf gestützt werden, daß die Verfügung gesetzwidrig sei und den Kläger beeinträchtige.

(³) In der Entscheidung über den Einspruch ist auf diese Vorschriften hinzuweisen.

Zu § 30: § 30 läßt entsprechend den in der Begründung zu § 29 entwickelten Grundsätzen gegen die im Einspruchsverfahren ergehende Entscheidung die Klage im Verwaltungsstreitverfahren zu. Dabei ist lediglich darauf hinzuweisen, daß in diesem Verfahren nur die Gesetzmäßigkeit der Verfügung der Gemeinde geprüft werden kann, während Ermessensfragen nicht zur Entscheidung kommen.

Die Zuständigkeitsregelung für das Verwaltungsstreitverfahren bleibt im übrigen bis zum Erlaß eines Reichsverwaltungsgesetzes der Durchführungsverordnung vorbehalten.

§ 31

(¹) Gegen die Zurücknahme der Bestellung zu ehrenamtlicher Tätigkeit findet binnen zwei Wochen nach der Zustellung die Beschwerde statt.

(²) Über die Beschwerde entscheidet die Aufsichtsbehörde endgültig.

(³) § 29 Abs. 3 findet entsprechende Anwendung.

Zu § 31: Dem Bürgermeister steht nach § 22 die Befugnis zu, die Bestellung ehrenamtlich tätiger Bürger mit Ausnahme der Fälle des § 22 Abs. 1 Satz 3 jederzeit zurückzunehmen. Dieser weitgehenden Befugnis gegenüber eröffnet § 31 den Beschwerdeweg an die Aufsichtsbehörde. Im übrigen darf auf die Begründung zu § 29 Bezug genommen werden.

Fünfter Teil
Verwaltung der Gemeinde

1. Abschnitt
Bürgermeister und Beigeordnete

§ 32

(¹) Der Bürgermeister führt die Verwaltung in voller und ausschließlicher Verantwortung, soweit nicht § 33 ausdrücklich anderes bestimmt.

(2) Der Bürgermeister führt in Stadtkreisen die Amtsbezeichnung Oberbürgermeister.

Zu § 32: 1. Es ist bereits im allgemeinen Teil der Begründung ausgeführt, daß im neuen Reich die Verwirklichung des Führerprinzips auch in der Verwaltung der Gemeinde eine zwingende Notwendigkeit ist. Dementsprechend schreibt § 32 vor, daß in Zukunft der Leiter der Gemeinde, der Bürgermeister, die Verwaltung in voller und ausschließlicher Verantwortung führt. Darin liegt ein Doppeltes:

a) In der Hand des Bürgermeisters sind heute Entschließung und Ausführung in allen Gemeindeangelegenheiten vereinigt. Damit ist die dem früheren Verfassungszustande eigene Aufteilung dieser Funktionen auf eine von der Bürgerschaft gewählte beschließende Vertretungskörperschaft (Stadtverordnetenversammlung, Gemeinderat usw.) und auf ein wesentlich nur zur Ausführung dieser Beschlüsse berufenes Verwaltungsorgan endgültig überwunden.

Die ausschließliche Führerstellung des Bürgermeisters wird grundsätzlich dadurch nicht beeinträchtigt, daß das Gesetz bestimmte Entschließungen zur Wahrung ihres Einklanges mit der Partei und mit den Zielen der Staatsführung an die Zustimmung eines Beauftragten der NSDAP. oder an die Genehmigung der Aufsichtsbehörde knüpft, und daß es für andere Entschließungen zur Wahrung der Verbundenheit der Gemeindeverwaltung mit der Bürgerschaft eine vorherige Beratung des Bürgermeisters mit den Gemeinderäten vorschreibt.

b) Der Führerstellung des Bürgermeisters entspricht es auf der anderen Seite, daß er für die Gemeindeverwaltung die volle und ausschließliche Verantwortung in zivil-, straf- und dienststrafrechtlicher Hinsicht trägt. Das gilt sowohl für seine Entschließungen als auch für die zu ihrer Durchführung erforderlichen Vollzugshandlungen. Von dieser Verantwortung wird er auch nicht dadurch befreit, daß er bei seiner Verwaltung den Ratschlägen dritter Stellen, z. B. der Gemeinderäte, gefolgt ist, daß er in den Fällen des § 33 seine Entschließung entsprechend den Wünschen des Beauftragten der NSDAP. gefaßt hat, oder daß die Aufsichtsbehörde seine Entschließung genehmigte. Nur in den Fällen, in denen eine Entschließung an seiner Stelle von einem Dritten gefaßt worden ist (§§ 33 Abs. 2, 111, 112) oder in denen er einer für ihn bindenden Anweisung gefolgt ist, wie z. B. bei weisungsgemäßer Erledigung einer ihm übertragenen Auftragsangelegenheit, fällt seine eigene Verantwortung regelmäßig fort.

Inwieweit im übrigen im Falle der Vertretung des Bürgermeisters (§ 35) seine Verantwortung gemindert oder aufgehoben wird, bestimmt sich nach allgemeinen Grundsätzen.

2. § 33 Abs. 1 schreibt als grundsätzlich einheitliche Amtsbezeichnung für die Leiter der Gemeinden die Bezeichnung „Bürgermeister" vor.

In den Stadtkreisen behält es jedoch auch in Zukunft bei der dort traditionellen Amtsbezeichnung „Oberbürgermeister" sein Bewenden. Dabei bleibt vorbehalten in Reichsteilen, die Stadtkreise nach dem preußischen Vorbild nicht kennen, diejenigen Städte im Wege der Durchführungsverordnung ausdrücklich zu bezeichnen, die den Stadtkreisen gleichzustellen sind.

Die Amtsbezeichnung „Oberbürgermeister" ist in § 32 den Bürgermeistern der Stadtkreise vorbehalten. Daraus folgt, daß fürderhin die Verleihung der Amtsbezeichnung „Oberbürgermeister" an die Leiter kreisangehöriger Städte nicht mehr in Betracht kommt.

Dagegen hält § 119 Nr. 3 die Möglichkeit offen, durch Verordnung an Stelle der Amtsbezeichnung „Bürgermeister" für Gemeinden, die nicht Städte sind, andere herkömmliche Amtsbezeichnungen vorzuschreiben.

§ 33

(1) Zur Sicherung des Einklangs der Gemeindeverwaltung mit der Partei wirkt der Beauftragte der NSDAP. außer bei der Berufung und Abberufung des Bürgermeisters, der Beigeordneten und der Gemeinderäte (§§ 41, 45, 51 und 54) bei folgenden Entschließungen des Bürgermeisters mit:

1. der Erlaß der Hauptsatzung bedarf seiner Zustimmung;
2. das Ehrenbürgerrecht sowie Ehrenbezeichnungen dürfen nur mit seiner Zustimmung verliehen und aberkannt werden.

(²) Versagt der Beauftragte der NSDAP. seine Zustimmung, so hat er dies binnen zwei Wochen nach Zuleitung der Entschließung schriftlich zu begründen, bei der Hauptsatzung unter Anführung der Vorschriften, die seine Zustimmung nicht finden; anderenfalls gilt seine Zustimmung als erteilt. Wenn bei Versagung der Zustimmung zwischen dem Beauftragten der NSDAP. und dem Bürgermeister in erneuter Verhandlung keine Einigung zustande kommt, so hat der Bürgermeister in Stadtkreisen die Entscheidung des Reichsstatthalters, im übrigen die Entscheidung der Aufsichtsbehörde herbeizuführen. Bei der Hauptsatzung bedarf der Reichsstatthalter zu seiner Entscheidung der Zustimmung des Reichsministers des Innern, wenn er von der Stellungnahme der Aufsichtsbehörde abweichen will. Die Entscheidung des Reichsstatthalters bindet die Aufsichtsbehörde.

Zu § 33: Die NSDAP. ist die den Staat tragende Partei. Die Staatsführung kann deshalb nicht anders als nach den politischen Zielen dieser Partei ausgerichtet sein. Was für die Staatsführung gilt, muß selbstverständlich auch für jede im Staate ausgeübte Verwaltungstätigkeit gelten. Daraus ergibt sich von selbst die zwingende Notwendigkeit, im Bereich der Gemeinden den Einklang der Gemeindeverwaltung mit der Partei zu sichern, und zwar in einer Form, die dem Charakter der Selbstverwaltung der Gemeinden besonders Rechnung trägt.

1. Ausschlaggebend für die Sicherung des Einklanges der Gemeindeverwaltung mit der Partei ist die Besetzung der Stellen der leitenden Gemeindebeamten mit Persönlichkeiten, die unbedingte Gewähr dafür bieten, daß sie das ihnen übertragene Amt in steter Ausrichtung auf die politischen Ziele der NSDAP. zu führen gewillt und befähigt sind. Deshalb erfolgt nach § 41 die Berufung dieser leitenden Gemeindebeamten, der Bürgermeister und Beigeordneten, in Zukunft unter weitgehender Ein-

schaltung der zuständigen Parteidienststellen. Dadurch ist bereits gesichert, daß der durch das Vertrauen von Partei und Staat berufene leitende Gemeindebeamte es als seine Aufgabe betrachten wird, seine gesamte Tätigkeit in stetem Einklang mit den politischen Zielen der Bewegung zu halten.

§ 33 gibt darüber hinaus in der Linie der oben angedeuteten Zielsetzung dem Beauftragten der NSDAP., der gemäß § 118 durch Verordnung des Stellvertreters des Führers bestimmt wird, in gewissen Fällen ein Mitwirkungsrecht in Angelegenheiten der Gemeindeverwaltung. Dabei mußten für die Abgrenzung dieses Rechts folgende Gesichtspunkte maßgebend sein:

Die neue Gemeindeordnung beruht auf dem Grundsatz der ausschließlichen Führerverantwortung. Mit diesem Gedanken ist eine dualistische Gestaltung der Gemeindeverfassung grundsätzlich unvereinbar, da sie sowohl die einheitliche und straffe Führung als auch die klare Verantwortung zerstört. Deshalb verbot es sich von selbst, den Bürgermeister, der durch das Vertrauen auch der Partei in sein Amt gelangt ist, in der eigentlichen Gemeindeverwaltung bei jeder Betätigung an die Mitwirkung einer anderen Stelle zu binden. Auf der anderen Seite ist jedoch nicht zu verkennen, daß auf bestimmte Entschließungen des Bürgermeisters infolge ihres eigenartigen Charakters dem politischen Willen der Bewegung Einfluß eingeräumt werden muß. Das gilt vor allem für den Erlaß der Hauptsatzung, des Verfassungsstatuts der Gemeinde, das auf lange Zeit hinaus die ihm nach dem Gesetz zugewiesenen Fragen abschließend regelt. Das gilt ferner auch für solche Entschließungen, bei denen es sich um die Anerkennung besonderer Verdienste um Volk, Staat oder Gemeinde handelt. In diesen Fällen hat deshalb das Gesetz die Entschließung des Bürgermeisters ausdrücklich an die Zustimmung des Beauftragten der NSDAP. gebunden und damit sein Mitwirkungsrecht sowohl festgelegt als auch begrenzt.

2. Wenn das Gesetz in diesem Umfange Entschließungen des Bürgermeisters von der Zustimmung des Beauftragten der NSDAP. abhängig macht, so muß eine Regelung für den Fall getroffen werden, daß der Beauftragte seine Zustimmung versagt. Das geschieht im § 33 Abs. 2.

a) Die Versagung der Zustimmung durch den Beauftragten der NSDAP. wird in politischen Erwägungen ihren Grund haben, während die Entschließung des Bürgermeisters in erster

Linie von verwaltungsmäßigen Erwägungen bestimmt sein wird. Der Ausgleich abweichender politischer und verwaltungsmäßiger Erwägungen kann grundsätzlich nur von einer Stelle getroffen werden, die ihrer funktionellen Stellung nach beide Interessen zu wahren hat. Das ist der Reichsstatthalter, der einerseits eines der höchsten Staatsämter und andererseits eines der höchsten Parteiämter, das des Gauleiters, in seiner Person vereinigen wird. Er ist deshalb auf Anrufen des Bürgermeisters zur Entscheidung derartiger Streitfälle in Zukunft insoweit zuständig, als sie sich in Stadtkreisen ergeben. Wenn abweichend von diesen Grundgedanken die Entscheidung in den übrigen Fällen, also in den kreisangehörigen Gemeinden, nicht dem Reichsstatthalter, sondern der Aufsichtsbehörde übertragen worden ist, so waren hierfür ausschließlich Gründe verwaltungsmäßiger Zweckmäßigkeit durchschlagend. Die Zuständigkeit des Reichsstatthalters auch in diesen Fällen hätte zu einer unerträglichen Zentralisierung und Verwaltungserschwerung geführt, die in keinem Verhältnis zu der erheblich geringeren Bedeutung dieser Fälle in kleineren Gemeinden gestanden hätte.

Die Hauptsatzung bedarf nach § 3 Abs. 2 der Genehmigung der Aufsichtsbehörde. Wenn im Falle der Versagung der Zustimmung der Reichsstatthalter zur Entscheidung zuständig ist, so ergibt sich damit die Notwendigkeit einer Klärung, inwieweit diese Entscheidung des Reichsstatthalters, der selbst nicht Kommunalaufsichtsbehörde ist, später die zur Genehmigung berufene nachgeordnete Aufsichtsbehörde binden soll. Dabei entstehen insoweit keine Schwierigkeiten, als der Reichsstatthalter und die Aufsichtsbehörde den einzelnen Fall übereinstimmend beurteilen. Glaubt der Reichsstatthalter jedoch, der Stellungnahme der Aufsichtsbehörde zu der von dem Bürgermeister beantragten Entscheidung nicht folgen zu können, so erfordert es die unbedingt notwendige Einheitlichkeit der Kommunalaufsicht, auf die nach den Ausführungen der Ziffer 5 der allgemeinen Begründung das Gesetz größten Wert legt, diese Meinungsverschiedenheit durch die oberste Aufsichtsbehörde, den Reichsminister des Innern, auszugleichen. Unter diesen Voraussetzungen ist gegebenenfalls nach Zustimmung des Reichsministers des Innern die Entscheidung des Reichsstatthalters für die Aufsichtsbehörde in allen Fällen bindend. Auch die Verleihung des Ehrenbürgerrechts an Ausländer sowie die Aberkennung des Ehrenbürgerrechts und von Ehrenbezeichnungen bedürfen der Genehmigung der Aufsichtsbehörde (§§ 21, 28); hierbei handelt es sich aber anders als bei der Hauptsatzung überwiegend um Entschließungen politischen Charakters, die die Kommunalaufsicht wenig berühren, so daß in diesen Fällen die freie Entscheidung dem Reichsstatthalter überlassen bleibt.

b) Im Interesse eines möglichst reibungslosen Ablaufs der Gemeindeverwaltung ist in § 33 Abs. 2 ein besonderes Verfahren für die Fälle vorgeschrieben, in denen der Beauftragte der NSDAP. ein Zustimmungsrecht hat. Insbesondere wird ihm dort die Pflicht auferlegt, die Versagung seiner Zustimmung schriftlich zu begründen und bei der Hauptsatzung die Vorschriften zu bezeichnen, die seine Zustimmung nicht finden. Damit soll von vornherein die Grundlage für eine spätere sachgemäße Entscheidung geschaffen werden.

§ 34

(1) Dem Bürgermeister stehen Beigeordnete als Stellvertreter zur Seite. Ihre Zahl bestimmt die Hauptsatzung.

(2) Der Erste Beigeordnete führt in Stadtkreisen die Amtsbezeichnung Bürgermeister. Der mit der Verwaltung des Geldwesens einer Stadt beauftragte Beigeordnete führt die Amtsbezeichnung Stadtkämmerer. Die übrigen Beigeordneten in Städten führen die Amtsbezeichnung Stadtrat (Stadtrechtsrat, Stadtschulrat, Stadtbaurat und dergleichen).

Zu § 34: 1. Wie nach der bisherigen Rechtslage stehen dem Bürgermeister auch in Zukunft Beigeordnete als Stellvertreter zur Seite, die ihn vertreten und unterstützen. Diese Beigeordneten bleiben auch nach der neuen Gemeindeordnung aus dem Kreis der übrigen Gemeindebeamten dadurch herausgehoben, daß sie allein Vertreter des Bürgermeisters kraft Gesetzes sind (vgl. hierzu § 35). Ihre Rechtsstellung hat sich jedoch gegenüber dem Rechtszustand nach einzelnen früheren Gemeindeordnungen insofern grundlegend gewandelt, als sie nicht mehr Mitglieder eines die Verwaltung der Gemeinde führenden Kollegiums, sondern in jeder Beziehung den Anweisungen des Bürgermeisters unterstehende Beamte sind.

Die Zahl der Beigeordneten ist im Gesetz selbst nicht bestimmt. Ihre Regelung bleibt unter Berücksichtigung der örtlichen Verhältnisse und Bedürfnisse der Hauptsatzung überlassen. Dabei kann vorbehalten bleiben, im Interesse einer möglichst sparsamen Personalpolitik in der Ausführungsanweisung gewisse Richtlinien für die Höchstzahl namentlich der hauptamtlichen Beigeordneten zu geben.

2. Die Amtsbezeichnungen der Beigeordneten sind in § 34 Abs. 2 im Anschluß an die in weiten Reichsteilen bestehende Übung gesetzlich bestimmt. Abweichende Bezeichnungen sind in Zukunft nur noch in Gemeinden, die nicht Städte sind, und zwar auf Grund besonderer Verordnung nach § 119 Nr. 3 möglich.

Die Vorschrift des § 34 Abs. 2 hat jedoch nicht nur Bedeutung für die Amtsbezeichnungen der Beigeordneten, sondern, wie sich aus ihr in Verbindung mit den Vorschriften der §§ 35, 40 und 41 ergibt, auch für ihre Rechtsstellung. Danach sind die Stellen des Ersten Beigeordneten und des Stadtkämmerers aus der Zahl der übrigen Beigeordnetenstellen wegen ihrer besonderen Bedeutung bewußt herausgehoben. Das hat z. B. zur Folge, daß der zum Ersten Beigeordneten oder zum Stadtkämmerer berufene Beamte nur dieses Amt wahrzunehmen hat und im Falle des § 44 nur die Wiederberufung in dieses Amt anzunehmen verpflichtet ist. Maßgebend für diese Regelung war die Erwägung, daß die hier genannten Stellen nur mit Persönlichkeiten besetzt werden können, die eine ganz besondere Eignung für das betreffende Amt haben, und daß es nach der Gestaltung des Berufungsrechts auch dem sonst für die Verteilung der Arbeitsgebiete zuständigen Bürgermeister nicht überlassen bleiben kann, durch spätere Maßnahmen die von Partei und Staat getroffene Entscheidung über die Besetzung dieser besonders herausgehobenen Ämter zu ändern.

§ 35

(1) Allgemeiner Vertreter des Bürgermeisters ist der Erste Beigeordnete. Die übrigen Beigeordneten sind zur allgemeinen Vertretung des Bürgermeisters nur berufen, wenn der Erste Beigeordnete verhindert

ist. Die Reihenfolge richtet sich nach ihrem Dienstalter als Beigeordnete der Gemeinde. Der Bürgermeister kann schriftlich eine andere Reihenfolge bestimmen.

(²) Die übrigen Beigeordneten vertreten den Bürgermeister in ihrem Arbeitsgebiet. Der Bürgermeister kann jede Angelegenheit an sich ziehen.

(³) Der Bürgermeister kann auch andere Beamte und Angestellte mit seiner Vertretung in bestimmten Angelegenheiten beauftragen sowie Beigeordnete ermächtigen, solche Aufträge in ihrem Arbeitsgebiet zu erteilen.

Zu § 35: 1. Nach der früheren Rechtslage war Voraussetzung der Vertretung des Bürgermeisters durch die Beigeordneten, daß er selbst an der Wahrnehmung seiner Aufgaben behindert war. Dieser Zustand war weder rechtlich zweifelsfrei, noch entsprach er weithin geübter Praxis, namentlich in größeren Gemeinden. § 35 legt deshalb für die Vertretung des Bürgermeisters andere Gesichtspunkte zugrunde.

a) Die Zusammenfassung der gesamten Verwaltung in der Person des Bürgermeisters (§ 32) läßt es geboten erscheinen, dem Ersten Beigeordneten das Recht der allgemeinen Vertretung des Bürgermeisters auch ohne Rücksicht auf dessen etwaige Behinderung einzuräumen. Der allgemeine Vertreter ist dementsprechend nach außen hin jederzeit berechtigt, Verwaltungshandlungen jeder Art an Stelle des Bürgermeisters vorzunehmen. Dabei bleibt es dem Bürgermeister unbenommen, im Innenverhältnis diese Vertretungsbefugnis nach jeder beliebigen Richtung hin zu beschränken.

Die übrigen Beigeordneten, die nach § 35 Abs. 2 nur Sondervertreter sind, sind zur allgemeinen Vertretung nur nach Maßgabe des § 35 Abs. 1 Satz 2—4 berufen.

b) Aus den oben erwähnten Gründen erweist es sich weiterhin als erforderlich, den Beigeordneten allgemein eine gesetzliche Vertretungsbefugnis auf den ihnen nach § 37 vom Bürgermeister zugewiesenen Arbeitsgebieten einzuräumen. Sie sind danach nach außen hin berechtigt, auf ihrem Arbeitsgebiet für die Gemeinde jederzeit rechtsverbindlich zu handeln. Auch hier ist der Bürgermeister im Innenverhältnis befugt, diese Vertretungsbefugnis zu beschränken, was auch schon darin zum Ausdruck kommt, daß er nach § 35 Abs. 2 Satz 2 jede Angelegenheit jederzeit an sich ziehen kann.

2. Den Bedürfnissen einer größeren Verwaltung ist durch die nach § 35 Abs. 1 und 2 vorgesehenen Vertretungsmöglichkeiten noch nicht genügt. § 35 Abs. 3 läßt deshalb die Beauftragung auch sonstiger Beamter und Angestellten zum Handeln für die Gemeinde zu. Diese Beamten und Angestellten sind an die Grenzen ihres jederzeit widerruflichen Auftrages gebunden.

§ 36

(1) Der Bürgermeister vertritt die Gemeinde.

(2) Erklärungen, durch die die Gemeinde verpflichtet werden soll, bedürfen der schriftlichen Form. Sie sind unter der Amtsbezeichnung des Bürgermeisters handschriftlich zu unterzeichnen. Im Falle der Vertretung des Bürgermeisters muß die Erklärung durch zwei vertretungsberechtigte Beamte oder Angestellte unterzeichnet werden.

Zu § 36: 1. Aus der Führerstellung des Bürgermeisters folgt bereits, daß er die Gemeinde nach außen vertritt und daß Beigeordnete sowie sonstige Beamte und Angestellte namens der Gemeinde nur in Vertretung bzw. im Auftrage des Bürgermeisters handeln können. Dabei wird zur Klarstellung bemerkt, daß hierdurch eine Vertretung der Gemeinde durch Dritte kraft Vollmacht nicht ausgeschlossen wird. Rechtshandlungen, die danach Vertretungsberechtigte im Rahmen ihrer Vertretungsbefugnis für die Gemeinde vornehmen, sind für sie grundsätzlich verbindlich.

2. Die Vertretung der Gemeinden bei Vornahme sog. Verpflichtungsgeschäfte war nach dem bisherigen Landesrecht in großem Umfange besonderen Vorschriften unterworfen. Insoweit war in manchen früheren Gemeindeordnungen vorgesehen, daß derartige Verpflichtungen nur schriftlich und bei Unterzeichnung durch zwei Beamte, im Preuß. Gemeindefinanzgesetz

bei Erklärung des Bürgermeisters nur nach Herbeiführung eines Kenntnisvermerks übernommen werden konnten. Diese Vorschriften verfolgten gleichmäßig das Ziel, die Gemeinden vor unüberlegten und übereilten Erklärungen möglichst zu sichern. Dabei ist allerdings nicht zu verkennen, daß diese Sonderregelung zu einer nicht unerheblichen Beeinträchtigung der Rechtssicherheit geführt hat, wie schon die recht umfangreiche Rechtsprechung des Reichsgerichts auf diesem Gebiet zeigt.

Bei der endgültigen Regelung dieser Fragen in der Deutschen Gemeindeordnung mußten diese widerstreitenden Gesichtspunkte zu einem möglichst zweckmäßigen Ausgleich gebracht werden.

a) Im Interesse der Rechtsklarheit schreibt § 36 Abs. 2 vor, daß Erklärungen, durch die die Gemeinde verpflichtet werden soll, der schriftlichen Form bedürfen. Eine bloß mündliche Verpflichtung der Gemeinden gibt es danach in keinem Falle mehr. Auch sog. laufende Verpflichtungen, die nach der bisherigen Rechtsprechung des Reichsgerichts schriftlicher Form nicht bedurften, sind in Zukunft an die Schriftform gebunden. Werden diese Formvorschriften verletzt, so sind die Erklärungen nach § 125 BGB. nichtig.

Unberührt sollen dabei Vorschriften anderer Gesetze bleiben, die für bestimmte Geschäfte weitergehende Formvorschriften, wie z. B. notarielle Beurkundung usw., vorschreiben. Insoweit werden in der Durchführungsverordnung und in der Ausführungsanweisung die erforderlichen Vorschriften und Anweisungen gegeben werden.

Zur Klarstellung wird noch darauf hingewiesen, daß der Kreis der sog. Verpflichtungsgeschäfte im Sinne des § 36 Abs. 2 gegenüber der in § 45 des Preuß. Gemeindefinanzgesetzes getroffenen Regelung auf solche Geschäfte beschränkt wird, die eine Verpflichtung der Gemeinde zum Ziele haben. Der Formvorschrift unterliegen danach solche Geschäfte nicht, die ohne dieses unmittelbare Ziel lediglich eine Verpflichtung der Gemeinde im Gefolge haben können. Auf der anderen Seite ist der Kreis der sog. Verpflichtungsgeschäfte aber dadurch erweitert, daß nicht mehr allein Erklärungen im bürgerlichen Rechtsverkehr, sondern auch jede sonstige Erklärung, durch die die Gemeinde verpflichtet werden soll, unter die Vorschrift des § 36 fallen.

b) Die besondere Verantwortlichkeit bei Abgabe derartiger Erklärungen bringt die Vorschrift des § 36 Abs. 2 Satz 2 zum

Ausdruck, derzufolge diese Erklärungen unter der Amtsbezeichnung des Leiters der Gemeinde handschriftlich zu vollziehen sind. Eine Vollziehung durch Stempel (Faksimile usw.) kommt demnach in Zukunft nicht mehr in Betracht. Auf der anderen Seite sind aber auch weitere Formen, wie z. B. die Beidrückung eines Siegels für die Verbindlichkeit der Erklärung nicht mehr erforderlich.

c) In Abkehr von der Regelung früherer Gesetze und des Preuß. Gemeindefinanzgesetzes sieht § 36 Abs. 2 davon ab, die Verbindlichkeit solcher Erklärungen, die der Bürgermeister selbst unterzeichnet, von der Mitzeichnung durch einen zweiten Beamten oder von einem besonderen Kenntnisvermerk abhängig zu machen. Eine solche Beschränkung wäre mit dem die Gemeindeordnung beherrschenden Grundsatz der Führerverantwortlichkeit nicht recht zu vereinbaren. Dagegen erscheint die Einschaltung eines Kontrollelements bei Vertretung des Bürgermeisters durch seinen allgemeinen Vertreter, die übrigen Beigeordneten oder sonstige Beamte und Angestellte zweckmäßig. Deshalb schreibt § 36 Abs. 2 letzter Satz vor, daß die Erklärung im Falle der Vertretung des Bürgermeisters durch zwei vertretungsberechtigte Beamte oder Angestellte unterzeichnet werden muß.

§ 37

Der Bürgermeister ist Dienstvorgesetzter aller Beamten, Angestellten und Arbeiter der Gemeinde. Er stellt sie an und entläßt sie; bei der Anstellung ist der Stellenplan einzuhalten. Rechte des Staates bei der Anstellung und Entlassung von Beamten und Angestellten, die sich aus anderen Gesetzen ergeben, bleiben unberührt.

Zu § 37: 1. Die Dienstvorgesetztenstellung, die § 37 dem Bürgermeister zuspricht, ist eine natürliche Folge des Führergrundsatzes und der Zusammenfassung der gesamten Verwaltung in der Hand des Bürgermeisters. Als Dienstvorgesetzter verteilt der Bürgermeister die Geschäfte auf die Gemeindebeamten, gibt er die allgemeinen und im Einzelfall erforderlichen Anordnungen und hat er im Rahmen der dienststrafrechtlichen

Vorschriften Disziplinargewalt u. a. m. Dabei wird zur Klarstellung bemerkt, daß sich diese Befugnisse auch auf die Beigeordneten beziehen, soweit sich nicht aus Sonderregelungen Abweichendes ergibt.

2. Als Leiter der Gemeinde steht dem Bürgermeister in Zukunft in allen Fällen die Anstellung und Entlassung der haupt- oder ehrenamtlichen Beamten, der Angestellten und Arbeiter der Gemeinde zu. Dabei ist seine Entschließungsfreiheit jedoch nach mehreren Richtungen eingeschränkt.

a) Soweit die Berufung, d. h. die Auswahl zum Beamten einer anderen Stelle zusteht (vgl. z. B. §§ 41, 51), ist der Bürgermeister zur Anstellung verpflichtet. Das gleiche gilt für die Entlassung, soweit eine Zurücknahme der Berufung oder der Ausspruch des Ausscheidens ausdrücklich anderen Stellen übertragen ist (vgl. z. B. §§ 45, 54). In jedem dieser Fälle ist es jedoch der Ausspruch des Bürgermeisters, der das Beamtenverhältnis begründet oder beendet. Zur Klarstellung wird dabei bemerkt, daß über das Ausscheiden von Beamten aus sonstigen Gründen, z. B. infolge Dienstunfähigkeit, auf eigenen Antrag, ausschließlich der Bürgermeister entscheidet, und zwar auch dann, wenn die Berufung einer anderen Stelle zusteht.

b) Eine sparsame Personalpolitik der Gemeinden ist nach den Erfahrungen der Vergangenheit nur gewährleistet, wenn sie sich nach einem auf die notwendigen Bedürfnisse der Verwaltung abgestellten Stellenplan richtet. Deshalb schreibt § 37 Satz 2 ausdrücklich vor, daß bei der Anstellung der Stellenplan einzuhalten ist. Damit ist zugleich die Einrichtung derartiger Stellenpläne jedenfalls für alle Gemeinden, die hauptamtliche Beamte beschäftigen, zwingend vorgeschrieben.

c) In einer Reihe von Gesetzen hat sich der Staat hinsichtlich der Besetzung von Gemeindebeamtenstellen aus besonderen Gründen, die teils im allgemeinen Interesse (z. B. Wehrmachtversorgung), teils in der Eigenart bestimmter Gemeindebeamtenstellen (z. B. Polizeibeamte) liegen, ein Mitwirkungsrecht vorbehalten. Diese Vorschriften bleiben auch, soweit sie in Landesgesetzen vorgesehen sind, grundsätzlich aufrechterhalten, es sei denn, daß einzelne dieser Vorschriften als mit den Vorschriften der Gemeindeordnung nicht vereinbar bezeichnet werden (vgl. § 119).

§ 38

Für hauptamtliche Bürgermeister und Beigeordnete gelten die §§ 25 und 26 entsprechend.

Zu § 38: Es bedarf keiner näheren Begründung, daß auch die hauptamtlichen Bürgermeister und Beigeordneten in Angelegenheiten, die ihr eigenes Interesse im Rahmen des § 25 berühren, nicht mitwirken können, und daß die aus der Treupflicht der gemeindlichen Ehrenbeamten herzuleitenden besonderen Bindungen (§ 26) auch für sie gelten müssen.

§ 39

(1) In Gemeinden mit weniger als 10000 Einwohnern sind Bürgermeister und Beigeordnete ehrenamtlich tätig. Die Hauptsatzung kann bestimmen, daß die Stelle des Bürgermeisters oder eines Beigeordneten hauptamtlich verwaltet wird.

(2) In Gemeinden mit mehr als 10000 Einwohnern muß die Stelle des Bürgermeisters oder eines Beigeordneten hauptamtlich verwaltet werden. Die Hauptsatzung bestimmt, welche Stellen außerdem hauptamtlich verwaltet werden.

Zu § 39: 1. Es ist eines der Ziele der Deutschen Gemeindeordnung, das ehrenamtliche Element in der Selbstverwaltung nicht nur zu erhalten, sondern nach Möglichkeit zu stärken und auszubauen. Sie darf dabei mit weit besserem Recht als zur Zeit des Parteienstaates davon ausgehen, daß die Besten des Volkes sich in Zukunft bereitwillig in den Dienst der Gemeinschaft stellen werden und abseits von Parteigezänk dem Wohl der Gemeinde zu dienen gewillt sind. Aus diesen Gründen schreibt § 39 Abs. 1 die grundsätzlich ehrenamtliche Verwaltung der Bürgermeister- und Beigeordnetenstellen in allen Gemeinden mit weniger als 10000 Einwohnern vor. Dabei verkennt die Gemeindeordnung jedoch nicht, daß die Möglichkeit der ehrenamtlichen Verwaltung auch in kleineren Gemeinden sehr stark von ihrer Besonderheit abhängen kann. Es ist deshalb unvermeidlich, z. B. bei besonders schwierigen wirtschaftlichen Verhältnissen, in Bade- und Fremdenverkehrsorten usw., auch für Gemeinden mit weniger als 10000 Einwohnern die Möglichkeit der hauptamtlichen Verwaltung der Bürgermeister- oder einer Beigeordnetenstelle vorzusehen. In derartigen Fällen bedarf es jedoch stets besonderer Regelung in der genehmigungspflichtigen Hauptsatzung, um sicherzustellen, daß Ausnahmen von dem Grundsatz der Ehrenamtlichkeit auf das unabweisbar nötige Maß beschränkt bleiben.

2. Gemeinden, die eine Einwohnerzahl von 10000 erreicht haben, lassen sich nach allen Erfahrungen nicht mehr ehrenamtlich verwalten. So entschieden die Gemeindeordnung bei kleineren Gemeinden um eines Wesensmerkmals der Selbstverwaltung willen den Gedanken ehrenamtlicher Verwaltung herausstellt, so muß sie in Gemeinden mit mehr als 10000 Einwohnern im Interesse einer geordneten Verwaltung die Hauptamtlichkeit der Stelle des Bürgermeisters oder eines Beigeordneten fordern. In diesen Gemeinden stehen bereits so erhebliche Interessen auf dem Spiele, erfordert die Verwaltung bereits so weitgehende Sonderkenntnisse und den vollen Einsatz der Person, daß eine ehrenamtliche Verwaltung diesen Erfordernissen nicht genügen kann.

Mit einer solchen Regelung ist dem Bedürfnis größerer Gemeinden jedoch noch nicht genügt. In ihnen muß vielmehr die Möglichkeit der Einrichtung weiterer hauptamtlicher Stellen eröffnet sein. Namentlich in Stadtkreisen ist zur Bewältigung des Arbeitsmaßes eine mehr oder weniger große Anzahl von Beigeordneten unentbehrlich. Bei der örtlichen Verschiedenheit überläßt es aber § 39 Abs. 2 der Hauptsatzung, eine nähere Regelung zu treffen.

§ 40

In Stadtkreisen muß der Bürgermeister oder der Erste Beigeordnete hauptamtlich angestellt sein und die Befähigung zum Richteramt oder zum höheren Verwaltungsdienst haben. Die Aufsichtsbehörde kann Ausnahmen zulassen. Die Hauptsatzung kann auch für andere hauptamtlich verwaltete Stellen, insbesondere für die Stelle des Stadtkämmerers, eine besondere Vorbildung vorschreiben.

Zu § 40: § 40 enthält gegenüber der Vorschrift des § 39 für Stadtkreise weitergehende Bindungen hinsichtlich der Einrichtung hauptamtlicher Stellen und der Vorbildung der Persönlichkeiten, die in diese Stellen berufen werden sollen.

1. Während nach § 39 Abs. 2 in Gemeinden mit mehr als 10000 Einwohnern je nach den örtlichen Bedürfnissen die Stelle des Bürgermeisters oder eines beliebigen Beigeordneten hauptamtlich zu besetzen ist, kann bei dem Umfang und der Bedeutung eines Stadtkreises im allgemeinen nicht darauf verzichtet werden daß in ihm entweder die Stelle des Bürgermeisters oder seine, allgemeinen Vertreters, des Ersten Beigeordneten, huuptamtlich verwaltet wird.

2. Eine weitere Bindung ergibt sich für Stadtkreise insofern, als die hauptamtlich eingerichtete Stelle des Oberbürgermeisters oder des Bürgermeisters regelmäßig nur mit einer Persönlichkeit besetzt werden darf, die die Befähigung zum Richteramt oder zum höheren Verwaltungsdienst hat. Diese durch die Vorbildung gewährleistete Sachkunde ist bei einer dieser Stellen in Gemeinden von der Bedeutung von Stadtkreisen in der Regel unentbehrlich.

Besonderen Fällen wird jedoch dadurch Rechnung getragen, daß die Aufsichtsbehörde Ausnahmen sowohl hinsichtlich der Hauptamtlichkeit der Stellen als auch hinsichtlich der Vorbildung zulassen kann.

3. Inwieweit darüber hinaus eine besondere Vorbildung für sonstige Stellen vorzuschreiben ist, überläßt das Gesetz der Hauptsatzung. Dabei hebt es die Stelle des Stadtkämmerers besonders hervor, da die mit der Verwaltung des städtischen Geldwesens zusammenhängenden Fragen sachlich so bedeutungsvoll und auf der anderen Seite so schwierig sind, daß ihre Bewältigung nur in der Hand eines entsprechend vorgebildeten Fachbeamten gewährleistet erscheint.

§ 41

(1) Die Stellen hauptamtlicher Bürgermeister und Beigeordneter sind vor der Besetzung von der Gemeinde öffentlich auszuschreiben. Die bei der Gemeinde eingegangenen Bewerbungen sind dem Beauftragten der NSDAP. zuzuleiten. Dieser schlägt

nach Beratung mit den Gemeinderäten in nicht öffentlicher Sitzung bis zu drei Bewerber vor. Bei Stellen von Beigeordneten hat er vorher dem Bürgermeister Gelegenheit zur Stellungnahme zu geben.

(2) Der Beauftragte der NSDAP. übermittelt seine Vorschläge mit allen Bewerbungen

1. bei Stellen von Bürgermeistern, Ersten Beigeordneten und Stadtkämmerern in Stadtkreisen mit mehr als 100000 Einwohnern durch die Aufsichtsbehörde dem Reichsminister des Innern,
2. bei Stellen anderer Beigeordneter in Stadtkreisen mit mehr als 100000 Einwohnern und bei Stellen von Bürgermeistern und Beigeordneten in den übrigen Stadtkreisen durch die Aufsichtsbehörde dem Reichsstatthalter,
3. bei Stellen von Bürgermeistern und Beigeordneten in kreisangehörigen Städten durch die Aufsichtsbehörde der oberen Aufsichtsbehörde, in den übrigen Gemeinden der Aufsichtsbehörde.

(3) Erklärt sich die nach Abs. 2 zuständige Behörde mit der Berufung eines der vorgeschlagenen Bewerber einverstanden, so ernennt die Gemeinde diesen Bewerber. Anderenfalls sind neue Vorschläge einzureichen. Erklärt sich die zuständige Behörde auch mit diesen Vorschlägen nicht einverstanden, so beruft sie den Bewerber, den die Gemeinde zu ernennen hat. Das gleiche gilt, wenn innerhalb einer von der zuständigen Behörde bestimmten Frist ein Vorschlag nicht gemacht wird.

(4) Stellen ehrenamtlicher Bürgermeister und Beigeordneter brauchen nicht ausgeschrieben zu werden.

Auch für hauptamtliche Stellen kann die nach Abs. 2 zuständige Behörde zulassen, daß die Ausschreibung unterbleibt. Im übrigen gelten die Vorschriften der Absätze 1 bis 3 entsprechend.

(5) Bis zur Erklärung des Einverständnisses der nach Abs. 2 zuständigen Behörde ist über die Vorschläge Verschwiegenheit zu wahren.

Zu § 41: Es bedarf keiner besonderen Begründung, daß im neuen Staat für eine Wahl des leitenden Gemeindebeamten kein Raum ist. Die Wahl durch die Bevölkerung unmittelbar oder durch eine sie repräsentierende Vertretungskörperschaft ist nach keiner Richtung hin geeignet, die Berufung des Besten und Geeignetsten in die wichtigen Stellen leitender Gemeindebeamten zu sichern. Sie würde zudem mit dem vom Gesetz gewollten Führerprinzip und der Verantwortung des Bürgermeisters nach oben nicht zu vereinbaren sein. Daraus ergibt sich zwangsläufig, daß das Berufungsverfahren für die leitenden Gemeindebeamten in der Deutschen Gemeindeordnung grundsätzlich anders geregelt werden muß. Dabei mußten, entsprechend der Stellung dieser leitenden Gemeindebeamten als Wahrer des Einklangs von Gemeindeverwaltung und Partei, als Verwalter örtlicher bürgerschaftlicher Angelegenheiten und als Träger öffentlicher Verwaltung drei Elemente in dieses Berufungsverfahren eingeschaltet werden, Partei, Bürgerschaft und Staat:

Die Partei als Repräsentant des Volkes muß in der Lage sein, auf die Besetzung der Stellen leitender Gemeindebeamten maßgebenden Einfluß zu üben, damit das Ziel des Gesetzes, den Einklang der Gemeindeverwaltung mit der Partei herzustellen, von vornherein gesichert ist. Die Rechte der Partei übt ihr Beauftragter aus, der im Ausleseverfahren (bei der Berufung) zuerst tätig wird, indem er Vorschläge für die Besetzung der Stellen macht. Dabei muß den Gemeinderäten als der dem genossenschaftlichen Element der Selbstverwaltung entsprechenden Einrichtung Gelegenheit gegeben werden, die aus der örtlichen Sphäre sich ergebenden Wünsche und Bedürfnisse zur Geltung zu bringen. Durch dieses Verfahren soll die Auslese der gemeindlichen Amtsträger in enger Verbundenheit mit dem zur örtlichen Selbstverwaltung berufenen Volke gewährleistet werden.

Der Staat trägt die letzte Verantwortung für jede in ihm geübte öffentliche Verwaltung. Ihm muß deshalb auf dem personellen Gebiet auch der Gemeindeverwaltung entscheidender Einfluß insbesondere hinsichtlich der sachlichen Eignung der zu berufenden Persönlichkeiten zustehen.

Nach diesen Gesichtspunkten ist in § 41 das Berufungsverfahren für alle Bürgermeister und Beigeordneten, sowohl für die hauptamtlichen wie für die ehrenamtlichen, einheitlich geregelt. Dabei ist im einzelnen auf zwei Besonderheiten hinzuweisen.

1. Die Berufung der bestgeeigneten Persönlichkeit in die Stelle des Bürgermeisters oder Beigeordneten ist nur dann gewährleistet, wenn die Bewerbung um derartige Stellen einem möglichst weiten Personenkreis offensteht. Deshalb schreibt § 41 Abs. 1 zwingend die öffentliche Ausschreibung der Stellen hauptamtlicher Bürgermeister und Beigeordneten vor und gestattet Ausnahmen nach Abs. 4 nur bei besonderer Zulassung durch die zuständige Behörde. Derartige Ausnahmen können z. B. im Falle der Wiederberufung in Betracht kommen.

Für ehrenamtliche Bürgermeister und Beigeordnete hat die Ausschreibung regelmäßig keine Bedeutung. Es ist deshalb in Abs. 4 vorgesehen, daß derartige Stellen nicht ausgeschrieben zu werden brauchen.

2. Die Beigeordneten sind die nächsten Mitarbeiter des Bürgermeisters. Daraus rechtfertigt sich, daß ihm auf die Berufung dieser Beamten Einfluß gegeben wird. § 41 Abs. 1 letzter Satz sieht deshalb vor, daß dem Bürgermeister Gelegenheit zur Stellungnahme gegeben werden muß.

§ 42

(1) Bürgermeister und Beigeordnete können nicht sein

1. besoldete Beamte des Staates, einer Gemeinde oder sonstigen Körperschaft des öffentlichen Rechts,
2. Angestellte und Arbeiter der Gemeinde,

3. Angestellte und Arbeiter von Gesellschaften und Vereinigungen, an denen die Gemeinde maßgebend beteiligt ist,
4. Angestellte von öffentlichen Krankenkassen,
5. Geistliche.

(2) Diese Vorschrift findet keine Anwendung, wenn die in den Nrn. 1 bis 4 genannten Beamten, Angestellten und Arbeiter bei der Berufung zum hauptamtlichen Bürgermeister oder Beigeordneten bis zur Unwiderruflichkeit ihrer Berufung (§ 45) beurlaubt sind. Auch kann die Aufsichtsbehörde ausnahmsweise die Berufung dieser Beamten, Angestellten und Arbeiter zu ehrenamtlichen Beigeordneten zulassen.

Zu § 42: Eine Reihe früherer Gemeindeordnungen schloß bestimmte Personenkreise von der Bekleidung des Amtes eines Bürgermeisters oder Beigeordneten oder von der Innehabung eines Gemeindevertretermandates aus. Für diese Regelung war der Gedanke maßgebend, daß Inhaber bestimmter Wirkungskreise nicht in vollem Umfange die Gewähr für eine wirklich unabhängige, nur auf das Interesse der Gemeinde ausgerichtete Amtsführung oder Mandatsausübung bieten, und daß sie bei Bekleidung eines solchen Amtes oder bei Ausübung eines derartigen Mandates mit hoher Wahrscheinlichkeit in unerwünschte Interessenkonflikte geraten.

Wenn schon es heute in der Hand der zur Berufung zuständigen Behörde liegt, derartige Personenkreise von der Berufung auszuschließen, erscheint es doch zweckmäßig, diese Frage gesetzlich ausdrücklich zu regeln. Diese Regelung trifft § 42.

1. Der Ausschluß der in § 42 Abs. 1 Nr. 1 genannten besoldeten Beamten rechtfertigt sich, abgesehen von dem allgemeinen Gesichtspunkt, daß sie ihre volle Arbeitskraft ihren Dienstherren zur Verfügung zu stellen verpflichtet sind, teilweise aus der Eigenart ihrer Stellung (z. B. Beamte der Aufsichtsbehörde, Beamte der eigenen Gemeinde), teils deshalb, weil die Interessen, die sie auf Grund ihrer hauptamtlichen Tätigkeit zu wahren haben, sehr leicht mit den Interessen der Gemeinde in Wider-

spruch treten können. Dabei wird zur Klarstellung darauf hingewiesen, daß Voraussetzung des Ausschlusses stets die Innehabung eines besoldeten Amtes ist; Beamte, die lediglich Gebühren beziehen, wie z. B. Notare, sind demgemäß nicht ausgeschlossen.

2. Die in den Nummern 2 und 3 genannten Angestellten und Arbeiter sind wegen ihres engen Verhältnisses zur Gemeinde von der Berufung ausgeschlossen.

3. Zwischen den Krankenkassen und den Gemeinden bestehen namentlich auf dem Gebiete des Fürsorgewesens enge Zusammenhänge und gewisse Interessengegensätze. Aus diesen Gründen war auch der Ausschluß der Angestellten öffentlicher Krankenkassen geboten.

4. Der Ausschluß der Geistlichen entspricht der Entwicklung der rechtlichen Beziehungen zwischen Staat und Kirche.

Einer ausnahmslosen Durchführung dieser Grundsätze stehen jedoch nach zwei Richtungen hin Bedenken entgegen:

1. Die in § 45 vorgesehene Einrichtung des Probejahres wird insbesondere Beamte, die bereits im öffentlichen Dienst festangestellt sind, sehr oft davon abhalten, einer Berufung in das Amt eines hauptamtlichen Bürgermeisters oder Beigeordneten zu folgen, wenn sie gezwungen sind, vor Ausspruch der Berufung aus ihrem bisherigen Amte auszuscheiden. Deshalb läßt § 42 Abs. 2 Satz 1 die Berufung der in Nr. 1 bis 4 genannten Beamten, Angestellten und Arbeiter zum hauptamtlichen Bürgermeister und Beigeordneten dann zu, wenn diese Personen bis zur Unwiderruflichkeit ihrer Berufung, also regelmäßig für die Dauer eines Jahres, beurlaubt sind.
2. Namentlich in kleinen Gemeinden, die eine typische Bevölkerungszusammensetzung haben (z. B. Eisenbahnergemeinden), wird in Ermangelung sonstiger geeigneter Personen mitunter das Bedürfnis bestehen, zur Verwaltung ehrenamtlicher Beigeordnetenstellen auch auf den in Abs. 1 Nr. 1 bis 4 genannten Personenkreis zurückzugreifen. Diese Möglichkeit eröffnet § 42 Abs. 2 Satz 2 mit besonderer Genehmigung der Aufsichtsbehörde.

§ 43

(1) Bürgermeister und Beigeordnete dürfen miteinander nicht bis zum dritten Grade verwandt oder

bis zum zweiten Grade verschwägert sein. In Gemeinden mit weniger als 1000 Einwohnern kann die Aufsichtsbehörde Ausnahmen zulassen.

(²) Entsteht die Verwandtschaft oder Schwägerschaft im Laufe der Amtszeit, so hat einer der Beteiligten auszuscheiden. Ist einer der Beteiligten hauptamtlicher Bürgermeister, so scheidet der andere aus. Ist einer der Beteiligten hauptamtlich, der andere ehrenamtlich, so scheidet dieser aus. Im übrigen scheidet, wenn sich die Beteiligten nicht einigen, der an Lebensalter Jüngere aus.

Zu § 43: 1. § 43 entspricht dem selbstverständlichen Erfordernis einer sauberen Gemeindeverwaltung. Es muß in Zukunft nach den Erfahrungen vergangener Jahre auch nur der Anschein einer Vetternwirtschaft in den Gemeinden unter allen Umständen vermieden werden. Deshalb dürfen nach § 43 Bürgermeister und Beigeordnete miteinander nicht bis zum dritten Grade verwandt oder bis zum zweiten Grade verschwägert sein. Nur in Gemeinden mit weniger als 1000 Einwohnern wird sich dieser Grundsatz bei den dort mitunter weitgehenden Verwandtschaftsverhältnissen und bei der natürlichen Beschränktheit des für die Besetzung leitender Gemeindeämter in Betracht kommenden Personenkreises nicht immer durchführen lassen. Deshalb sieht Abs. 1 Satz 2 für diese Gemeinden eine Ausnahmemöglichkeit mit besonderer Genehmigung der Aufsichtsbehörde vor.

2. Treten Verwandtschafts- oder Schwägerschaftsverhältnisse der obengenannten Art erst im Laufe der Amtszeit ein, so muß zur Erreichung des vorhin bezeichneten Zieles dafür Sorge getragen werden, daß eine der beteiligten Personen alsbald ausscheidet. Die nähere Regelung trifft insoweit § 43 Abs. 2. Dabei bleibt die Frage, welche Ansprüche einem hauptamtlichen Beamten im Falle seines Ausscheidens zustehen, der Regelung im Wege der Durchführungsverordnung vorbehalten.

§ 44

(¹) Hauptamtliche Bürgermeister und Beigeordnete werden auf zwölf Jahre berufen. Sie sind verpflichtet, das Amt jeweils weitere zwölf Jahre zu führen, es sei denn, daß die Wiederberufung unter ungünstigeren Bedingungen erfolgen soll. Kommen sie dieser Verpflichtung nicht nach, so sind sie mit dem Ablauf ihrer Amtszeit zu entlassen.

(2) Die Hauptsatzung kann bestimmen, daß hauptamtliche Bürgermeister und Beigeordnete auf Lebenszeit wiederberufen werden.

(3) Ehrenamtliche Bürgermeister und Beigeordnete werden auf sechs Jahre berufen. Sie bleiben bis zum Amtsantritt des Nachfolgers im Amte. Wiederberufung ist zulässig.

Zu § 44: 1. § 44 übernimmt die der Entwicklung des Gemeindeverfassungsrechts entsprechende Berufung der Bürgermeister und Beigeordneten auf bestimmte Amtszeit. Diese Regelung geht von dem zutreffenden Gedanken aus, daß eine stets lebensvolle Gemeindeverwaltung dadurch am besten gewährleistet wird, wenn sie nach bestimmten Zeitabschnitten durch den Wechsel der leitenden Gemeindebeamten neue Impulse erhält. Hinzu kommt, daß gerade diese Regelung hervorragend geeignet ist, bei entsprechender Befähigung den Aufstieg leitender Gemeindebeamten aus kleineren Gemeinden in große Gemeinden zu fördern. Bei einer zeitlichen Beschränkung der Amtszeit dieser Beamten ist es auf der anderen Seite selbstverständlich erforderlich, Vorsorge zu treffen, daß die Stetigkeit der Gemeindeverwaltung nicht durch allzu häufigen Wechsel leidet. Unter Berücksichtigung dieser Gesichtspunkte hält die Festsetzung einer grundsätzlich zwölfjährigen Amtszeit für hauptamtliche Bürgermeister und Beigeordnete die richtige Mitte. Demgegenüber mußte für die ehrenamtlichen Bürgermeister und Beigeordneten ein anderer Maßstab angelegt werden. Auch für ehrenamtlich verwaltete Gemeinden kann auf eine gewisse Stetigkeit der Gemeindeverwaltung nicht verzichtet werden. Auf der anderen Seite bedeutet aber die ehrenamtliche Wahrnehmung eines solchen Amtes eine so weitgehende Belastung des einzelnen, daß insoweit die Festlegung einer sechsjährigen Amtszeit zutreffend erschien.

2. Nach Ablauf der Amtszeit scheiden Bürgermeister und Beigeordnete grundsätzlich aus ihrem Amte aus und erhalten, soweit sie hauptamtlich tätig waren, das ihnen nach der Beamtengesetzgebung zustehende Ruhegehalt. Diese grundsätzliche Regelung erfährt jedoch durch die Vorschrift des § 44 nach zwei Richtungen hin Ausnahmen:

a) Ist die Wiederberufung eines hauptamtlichen Bürgermeisters oder Beigeordneten zu gleichen Bedingungen, insbesondere zu gleichen Bezügen, in Aussicht genommen, so muß er der Berufung auf jeweils zwölf weitere Jahre Folge leisten; andernfalls geht er seiner Rechte aus der bisherigen Anstellung verlustig. Diese Regelung ist deshalb erforderlich, weil es nicht verantwortet werden kann, daß Beamte lediglich auf Grund ihrer eigenen Entschließung mitunter im besten Mannesalter mit relativ hohen Bezügen in den Ruhestand treten.

b) Ehrenamtliche Bürgermeister und Beigeordnete sind verpflichtet, auch über den Ablauf ihrer Amtszeit hinaus das Amt bis zum Amtsantritt des Nachfolgers fortzuführen. Diese Vorschrift ist im Interesse eines reibungslosen Fortgangs der Verwaltung erforderlich.

3. Die Vorschrift des § 44 Abs. 2 stellt insoweit eine Neuerung dar, als sie nach Lage des Einzelfalles und nach näherer Bestimmung in der Hauptsatzung zuläßt, daß hauptamtliche Bürgermeister und Beigeordnete nach Ablauf mindestens einer zwölfjährigen Amtszeit auf Lebenszeit wiederberufen werden. Dadurch soll den Gemeinden ermöglicht werden, Beamte, die in ihrer bisherigen Amtsführung ganz besondere Eignung erwiesen haben, endgültig an die Gemeinde zu binden.

§ 45

(1) Die nach § 41 Abs. 2 zuständige Behörde kann die Berufung zum Bürgermeister und Beigeordneten bis zum Ablauf des ersten Amtsjahres zurücknehmen. Hierzu bedarf es im Falle des § 41 Abs. 2 Nr. 1 der Anhörung des Reichsstatthalters und im Falle des § 41 Abs. 2 Nr. 3 des Einvernehmens mit dem Be-

auftragten der NSDAP.; kommt kein Einvernehmen zustande, so entscheidet der Reichsstatthalter.

(2) Die zuständige Behörde kann schon vor Ablauf des ersten Amtsjahres auf die Zurücknahme der Berufung verzichten.

(3) Der Reichsminister des Innern kann durch Verordnung die rechtlichen Folgen im Falle der Zurücknahme der Berufung zum hauptamtlichen Bürgermeister oder Beigeordneten regeln. Er kann dabei vorschreiben, daß Bürgermeister und Beigeordnete, die vor ihrer Berufung als Beamte im Dienste des Staates, einer Gemeinde oder eines Gemeindeverbandes standen, bei Zurücknahme der Berufung in ihr früheres Dienstverhältnis zu übernehmen sind, sofern nicht Gründe vorliegen, die auch sonst der Ernennung eines Beamten entgegenstehen.

Zu § 45: Die Vorschrift des § 45 übernimmt aus dem Preußischen Gemeindeverfassungsgesetz die Einrichtung des sogenannten Probejahres. Danach kann die zuständige Behörde unter Mitwirkung der in Abs. 1 Satz 2 genannten Stellen die Berufung zum Bürgermeister oder Beigeordneten bis zum Schluß des ersten Amtsjahres jederzeit zurücknehmen. Diese Regelung entspricht der Erfahrung, daß bei der Bedeutung der Stellen der Bürgermeister und Beigeordneten für Gemeinde, Volk und Staat unbedingte Vorsorge dagegen getroffen werden muß, daß nicht solche Persönlichkeiten auf zwölf Jahre in diese wichtigen Ämter gelangen, die hierfür nicht in vollem Umfange geeignet sind. Dabei liegt es in der besonderen Eigenart dieser Stellen, daß sich die Eignung einer Persönlichkeit nicht ohne weiteres aus einer bestimmten Vorbildung oder aus der bisherigen Tätigkeit ergibt, daß sie sich vielmehr regelmäßig erst bei der Amtsführung in einer derartigen Stelle erweist.

Bei dieser Regelung ist auf der anderen Seite nicht verkannt worden, daß die Einrichtung des Probejahres die Stellung der Bürgermeister und Beigeordneten im ersten Amtsjahre unsicher gestaltet. Dieser Nachteil muß aber gegenüber dem obenge nannten Ziel der Sicherung bester Besetzung dieser Stellen in Kauf genommen werden. Er wird im übrigen durch zwei besondere Vorschriften erheblich herabgemindert:

1. Nach § 45 Abs. 2 kann die zuständige Behörde schon vor Ablauf des ersten Amtsjahres auf die Zurücknahme der Berufung verzichten. Steht danach schon nach einer gewissen Zeit auf Grund der bisherigen Amtsführung die Eignung eines Bürgermeisters oder Beigeordneten für dieses Amt außer jedem Zweifel, so kann das Probejahr abgekürzt werden. Dabei wird darauf hingewiesen, daß die Gemeindeordnung abweichend von der Regelung des Preußischen Gemeindeverfassungsgesetzes diese Möglichkeit nicht auf frühere Beamte des Reichs, eines Landes, einer Gemeinde oder eines Gemeindeverbandes beschränkt, sondern für jeden zum Bürgermeister und Beigeordneten Berufenen offenhält.

2. Auf Grund des § 45 Abs. 3 wird der Reichsminister des Innern die rechtlichen Folgen im Falle der Zurücknahme der Berufung bei hauptamtlichen Bürgermeistern und Beigeordneten regeln. Dabei ist in Aussicht genommen, solchen Personen, die vor ihrer Berufung nicht im Beamtenverhältnis gestanden haben, ein Übergangsgeld zu geben. Personen, die vor ihrer Berufung als Beamte im Dienst des Staates (des Reiches einschließlich der Länder), einer Gemeinde oder eines Gemeindeverbandes standen, sollen grundsätzlich in ihr früheres Dienstverhältnis zurückübernommen werden. Dabei wird auch die Rechtsstellung dieser Personen für den Fall geregelt werden, daß ihre Rückübernahme nicht sofort möglich ist oder daß sie aus Gründen, die auch sonst der Ernennung eines Beamten entgegenstehen, nicht in Betracht kommt.

§ 46

Die Bürgermeister werden vor dem Amtsantritt von der Aufsichtsbehörde, die Beigeordneten von dem Bürgermeister vereidigt.

Zu § 46: Daß die Bürgermeister und Beigeordneten vor ihrem Amtsantritt zu vereidigen sind, entspricht den allgemeinen Grundsätzen des Beamtenrechts. Die Vereidigung nimmt bei dem Bürgermeister die Aufsichtsbehörde, bei den Beigeordneten der Bürgermeister vor; dabei ist Gelegenheit gegeben, entsprechend der Bedeutung der Neuberufung eines leitenden Gemeindebeamten, mit dieser Vereidigung eine feierliche Einführung in öffentlicher Sitzung der Gemeinderäte zu verbinden.

§ 47

Die Hauptsatzung kann bestimmen, daß der Bürgermeister, die Beigeordneten und Gemeinderäte bei feierlichen Anlässen eine Amtstracht oder ein Amtszeichen tragen.

Zu § 47: § 47 ermöglicht die Beibehaltung altüberkommenen Brauchtums in manchen Gemeinden und die Einführung besonderer Amtstrachten und Amtszeichen für Bürgermeister, Beigeordnete und Gemeinderäte, die der Würde und Bedeutung dieser Ämter auch nach außen hin Ausdruck verleihen.

2. Abschnitt

Gemeinderäte

§ 48

(1) Die Gemeinderäte haben die Aufgabe, die dauernde Fühlung der Verwaltung der Gemeinde mit allen Schichten der Bürgerschaft zu sichern. Sie haben den Bürgermeister eigenverantwortlich zu beraten und seinen Maßnahmen in der Bevölkerung Verständnis zu verschaffen. Sie haben bei ihrer Tätigkeit ausschließlich das Gemeinwohl zu wahren und zu fördern.

(2) In Städten führen die Gemeinderäte die Amtsbezeichnung Ratsherr.

Zu § 48: 1. Die Gemeinderäte verkörpern, wie bereits in dem allgemeinen Teil der Begründung ausgeführt ist, das genossenschaftliche Element in der Selbstverwaltung; sie gewährleisten, aus der Bürgerschaft kommend und mit der Bürgerschaft lebend, die stete enge Fühlung der Verwaltung mit allen Schichten der Bevölkerung.

Dabei muß jedoch mit aller Klarheit der grundlegende Unterschied hervorgehoben werden, der zwischen den Gemeinderäten der Gemeindeordnung und den Mitgliedern der früheren Vertretungskörperschaften besteht. Die Gemeinderäte sind nicht wie die früheren Gemeindevertreter Inhaber eines Mandats, das ihnen eine politische Partei und die Wahl der Bürgerschaft verlieh, sondern auf Grund besonderen Berufungsverfahrens ausgewählte Ehrenbeamte der Gemeinde. Daraus ergibt sich schon, daß sie nach keiner Richtung hin die Aufgabe der früheren Vertretungskörperschaften übernehmen, Gegenspieler der Gemeindeverwaltung zu sein, daß sie vielmehr in gleicher Richtung mit dem Bürgermeister zum Wohle der Gemeinde zu wirken haben. Ein weiterer grundlegender Unterschied liegt darin, daß die Gemeinderäte anders als die Vertretungskörperschaften kein Kollegium bilden, das mit anonymer Mehrheit Beschlüsse faßt und die Verwaltung kontrolliert, daß sie vielmehr als einzelverantwortliche sachverständige Berater dem Bürgermeister zur Seite stehen. Bei Ausübung ihrer Tätigkeit, die ausschließlich das Gemeinwohl zu wahren und zu fördern hat, sind sie Weisungen dritter Stellen nicht unterworfen und können sich ihrer eigenen Verantwortung auch nicht durch den Hinweis auf derartige Weisungen entziehen.

Welche Bedeutung das Gesetz der Einrichtung der Gemeinderäte beimißt, ergibt sich aus einer Reihe seiner Vorschriften. Abgesehen von den bindenden Richtlinien für ihre Auslese (§ 51), von der Möglichkeit jederzeitiger Abberufbarkeit (§ 54), schreibt § 55 die vorherige Beratung mit den Gemeinderäten bei allen wichtigen Gemeindeangelegenheiten vor. Dazu ergibt sich ferner aus § 57 Abs. 4, daß diese Beratung sich unter allen Umständen in den Formen absolut freier Meinungsäußerung, aber auch unter voller Verantwortung des einzelnen vollziehen soll.

2. Während die Gemeinderäte allgemein die Bezeichnung „Gemeinderat" führen, sieht § 48 Abs. 2 für die Gemeinderäte in Städten die Bezeichnung „Ratsherr" bindend vor.

Für Gemeinden, die nicht Städte sind, eröffnet jedoch § 119 Nr. 3 die Möglichkeit, an Stelle der Amtsbezeichnung „Gemeinderat" andere herkömmliche Amtsbezeichnungen vorzuschreiben.

§ 49

Die Hauptsatzung bestimmt die Zahl der Gemeinderäte. Die Höchstzahl der Gemeinderäte beträgt in Gemeinden mit weniger als 10000 Einwohnern zwölf, in den übrigen kreisangehörigen Gemeinden vierundzwanzig, in den Stadtkreisen sechsunddreißig.

Zu § 49: Die Zahl der Gemeindevertreter wurde in der Vergangenheit weitgehend durch das Bedürfnis der politischen Parteien bestimmt, möglichst viele ihrer Angehörigen in ein Mandat zu bringen. Dadurch entstanden, namentlich in den Städten, auch der Größe nach parlamentarische Gebilde, deren Arbeitsfähigkeit und -leistungen in keinem Verhältnis zur Zahl ihrer Mitglieder standen.

Für die Bestimmung der Zahl der Gemeinderäte in der neuen Gemeindeordnung müssen andere Gesichtspunkte maßgebend sein. Die Gemeinderäte haben in erster Linie die Aufgabe, den Bürgermeister zu beraten. Eine wirklich fruchtbare Beratung ist aber erfahrungsgemäß immer nur dann gewährleistet, wenn der Kreis der zur Beratung herangezogenen Personen nicht zu weit gespannt wird. Auf der anderen Seite haben die Gemeinderäte die stete Verbundenheit der Verwaltung mit der Bürgerschaft zu sichern. Dementsprechend ist auch eine zu weitgehende Beschränkung der Zahl der Gemeinderäte nicht vertretbar. Beiden Erfordernissen genügen die in § 49 festgesetzten Höchstzahlen, in deren Rahmen die Gemeinden die ihren Bedürfnissen entsprechende Regelung durch die Hauptsatzung zu treffen haben.

§ 50

Der Beauftragte der NSDAP. ist nicht Gemeinderat. Er kann an den Beratungen des Bürgermeisters mit den Gemeinderäten teilnehmen, wenn es sich um Angelegenheiten handelt, bei denen ihm das Gesetz eine Mitwirkung einräumt (§ 33 Abs. 1); er ist zu diesen Beratungen zu laden.

Zu § 50: Die dem Beauftragten der NSDAP. zugewiesenen Aufgaben sind in § 33 Abs. 1 abschließend aufgezählt. Diese Aufgaben liegen zum überwiegenden Teil nicht auf dem Gebiete der Gemeindeverwaltung, sondern auf dem der Berufung und Abberufung gemeindlicher Amtsträger. Da hiermit der Kreis der Aufgaben des Beauftragten nur ganz bestimmte Angelegenheiten umfaßt, ist davon abgesehen worden, ihn zum Gemeinderat zu machen. Damit er sich jedoch in seinem Aufgabenkreis selbst ein unmittelbares Urteil bilden kann, ist ihm die Möglichkeit eröffnet, an den Beratungen des Bürgermeisters mit den Gemeinderäten teilzunehmen, wenn es sich um Angelegenheiten handelt, bei denen ihm das Gesetz eine Mitwirkung einräumt; zu diesen Beratungen ist er zu laden.

§ 51

(1) Der Beauftragte der NSDAP. beruft im Benehmen mit dem Bürgermeister die Gemeinderäte. Bei der Berufung hat er auf nationale Zuverlässigkeit, Eignung und Leumund zu achten und Persönlichkeiten zu berücksichtigen, deren Wirkungskreis der Gemeinde ihre besondere Eigenart oder Bedeutung gibt oder das gemeindliche Leben wesentlich beeinflußt.

(2) Beamte, Angestellte und Arbeiter der Gemeinde und Beamte der Aufsichtsbehörde können nicht als Gemeinderäte berufen werden. Die Aufsichtsbehörde kann Ausnahmen zulassen.

Zu § 51: 1. Die NSDAP. als Repräsentantin des Volkes vertritt durch ihren Beauftragten innerhalb der Gemeinde die Gemeindebürgerschaft. Wenn man nun die Gemeinderäte als den Ausdruck des genossenschaftlichen Elementes der Selbstverwaltung betrachtet, so muß an Stelle der Wahl durch die Bürgerschaft die Berufung der Gemeinderäte durch den Beauftragten der NSDAP. eben als Repräsentanten dieses Volkes treten.

Auf der anderen Seite sind die Gemeinderäte in erster Linie die Berater des Bürgermeisters. Es ist deshalb anzuerkennen, daß der Bürgermeister an deren Berufung weitgehend interessiert ist, da hiervon die Fruchtbarkeit seiner Amtsführung ganz wesentlich abhängt. Dem trägt die Regelung des § 51 Abs. 1 dadurch Rechnung, daß der Beauftragte der NSDAP. sich vor der Berufung der Gemeinderäte mit dem Bürgermeister ins Benehmen zu setzen hat, dem damit Gelegenheit gegeben ist, seine Wünsche und Anregungen für diese Berufung vorzubringen. Dabei kann im Regelfalle ohne weiteres angenommen werden, daß sich der Beauftragte und der Bürgermeister über die zu berufenden Persönlichkeiten verständigen werden.

2. Für die Frage, nach welchen Gesichtspunkten die Berufung zu erfolgen hat, stellt das Gesetz bindende Richtlinien auf. Wer zum Gemeinderat berufen werden soll, muß national zuverlässig, geeignet und gut beleumundet sein. Da den Gemeinderäten aber neben der Beratung die besondere Aufgabe zugewiesen ist, die Verbundenheit der Verwaltung mit der Bürgerschaft zu sichern, ist darüber hinaus erforderlich, daß sich in ihrer Zusammensetzung die Struktur der Bürgerschaft widerspiegelt, daß also bei der Berufung Persönlichkeiten berücksichtigt werden, deren Wirkungskreis für die Gemeinde typisch ist, der Gemeinde besondere Bedeutung gibt oder das gemeindliche Leben wesentlich beeinflußt. Nähere Richtlinien gerade in dieser Hinsicht bleiben den Ausführungsanweisungen vorbehalten.

Beamte, Angestellte und Arbeiter der Gemeinde und Beamte der Aufsichtsbehörde sind grundsätzlich von der Berufung zum Gemeinderat ausgeschlossen. Soweit dieser Ausschluß sich auf Beamte der Aufsichtsbehörde bezieht, bedarf es näherer Begründung nicht. Hinsichtlich der Bediensteten der Gemeinde war in erster Linie die Erwägung maßgebend, daß der Bürgermeister sie auf Grund ihrer Stellung ohnehin jederzeit zu seiner Beratung heranziehen kann und daß zudem nach § 56 Abs. 3 auch ihre Zuziehung zu den Beratungen mit den Gemeinderäten jederzeit möglich ist. Es mußte auch vom Standpunkt der gebotenen Disziplin bedenklich erscheinen, daß ein gemeindlicher Beamter, Angestellter oder Arbeiter als Gemeinderat auf Grund der ihm obliegenden Pflicht eigenverantwortlicher Beratung in gemeinsamer Beratung mit den Gemeinderäten dem Bürgermeister in bestimmten Fragen entgegentritt. Da aber immerhin Sonderfälle denkbar sind, in denen die Berufung auch eines gemeindlichen Beamten, Angestellten und Arbeiters oder eines Beamten der Aufsichtsbehörde zum Gemeinderat wünschenswert sein kann, sieht das Gesetz eine Ausnahmemöglichkeit vor.

§ 52

(1) Die Gemeinderäte werden auf sechs Jahre berufen. Ausscheidende Gemeinderäte können wiederberufen werden.

(2) Scheidet ein Gemeinderat vor Ablauf der Amtszeit aus, so wird für deren Rest ein Ersatzmann berufen.

Zu § 52: Nach § 52 werden die Gemeinderäte auf sechs Jahre berufen. Die Festlegung ihrer Amtszeit entspricht damit der der ehrenamtlichen Bürgermeister und Beigeordneten.

Für die Bestimmung einer sechsjährigen Amtszeit war auf der einen Seite der Gesichtspunkt maßgebend, daß eine zu kurz bemessene Amtszeit die Stetigkeit der Verwaltung gefährdet, und daß jeder Gemeinderat einer gewissen Zeit zur Einarbeitung bedarf. Auf der anderen Seite durfte die Amtszeit aber auch nicht zu weit ausgedehnt werden, da dadurch der unter manchen Gesichtspunkten förderliche Wechsel der Gemeinderäte allzusehr behindert worden wäre.

Dagegen hat die Gemeindeordnung das turnusmäßige Ausscheiden eines Drittels der Gemeinderäte aus dem Preußischen Gemeindeverfassungsgesetz nicht übernommen. Diese Regelung, die eine erhöhte Stetigkeit der Verwaltung gewährleisten sollte, erscheint nicht unbedingt erforderlich, da die Möglichkeit einer Wiederberufung der nach sechs Jahren ausscheidenden Gemeinderäte offensteht.

§ 53

Die Gemeinderäte bekleiden ein Ehrenamt. Der Bürgermeister verpflichtet sie auf gewissenhafte Erfüllung ihrer Aufgaben und vereidigt sie.

Zu § 53: Es ist bereits in der Begründung zu § 45 darauf hingewiesen worden, daß die Gemeinderäte anders als die Mitglieder der früheren Vertretungskörperschaft ein Ehrenamt bekleiden. Sie sind damit in die Gemeindeverwaltung eingeschaltet und ihr nicht mehr wie früher gegengeschaltet. Aus ihrer Stellung als Ehrenbeamte folgt, daß sie den für alle Beamten geltenden Vorschriften unterliegen. Besonderheiten bestehen nur nach zwei Richtungen:

1. Da sie nach § 45 verpflichtet sind, den Bürgermeister eigenverantwortlich zu beraten, unterliegen sie insoweit trotz ihrer Stellung als Ehrenbeamte seinem Anweisungsrechte nicht.
2. Ihr Ausscheiden aus dem Amte ist in § 54 für bestimmte Fälle besonders geregelt.

§ 54

Gemeinderäte, bei denen die Voraussetzungen des § 51 nicht oder nicht mehr gegeben sind, scheiden aus. Die Entscheidung trifft die Aufsichtsbehörde im Einvernehmen mit dem Beauftragten der NSDAP.; kommt kein Einvernehmen zustande, so entscheidet der Reichsstatthalter.

Zu § 54: Als Ehrenbeamte würden die Gemeinderäte nach den allgemein geltenden Vorschriften bei Verfehlungen nur im Wege des förmlichen Dienststrafverfahrens aus ihrem Amte entfernt werden können. Bei der sehr erheblichen Zahl dieser Ehrenbeamten ist es schon aus rein verwaltungsmäßigen Gründen unabweisbar, jedenfalls in bestimmten Fällen eine erleichterte Form ihres Ausscheidens aus dem Amte vorzusehen. Es genügt aber auch nicht, die Möglichkeit eines solchen Ausscheidens auf die Fälle zu beschränken, in denen ein Tatbestand vorliegt, der ihre Entlassung im Wege des Dienststrafverfahrens rechtfertigen würde. Es gibt bei der Eigenart ihrer Stellung eine ganze Reihe von Fällen, in denen die Entfernung des Gemeinderats aus seinem Amte auch aus anderen Gründen möglich sein muß. Hat er z. B., auch ohne daß darin eine mit Dienstentlassung zu ahndende dienststrafrechtliche Verfehlung läge, durch seinen Lebenswandel die Achtung des Bürgermeisters und der Bürgerschaft verloren, wird er aus der Partei ausgestoßen, so kann er nicht Gemeinderat bleiben. Hinzukommt aber noch ein weiterer Gesichtspunkt. Das Gesetz will, daß die Gemeinderäte die Struktur der Bürgerschaft widerspiegeln (§ 51). Auf Grund dieser Vorschrift werden zum Gemeinderat sehr oft

Persönlichkeiten gerade mit Rücksicht auf ihre Tätigkeit in einem bestimmten Wirkungskreis oder auf ihre Stellung berufen. Scheiden sie aus diesem Wirkungskreis oder aus dieser Stellung aus, so entspricht die Zusammensetzung der Gemeinderäte nicht mehr dem Willen des Gesetzes. Auch in diesen Fällen muß die Möglichkeit einer vorzeitigen Abberufung der Gemeinderäte gegeben sein.

Bei der Frage, wie diese Abberufung zu gestalten sei, durfte nicht übersehen werden, daß eine eigenverantwortliche Beratung durch die Gemeinderäte nur dann gesichert ist, wenn sie sowohl gegenüber dem Bürgermeister als auch gegenüber dem Beauftragten der NSDAP. in ihrer sachlichen Arbeit Unabhängigkeit besitzen. Es konnte aus diesem Grunde nicht in Betracht kommen, die Möglichkeit jederzeitiger Abberufung unter den im Gesetz genannten weiten Voraussetzungen einer örtlichen Stelle ausschließlich zu überlassen. Auf der anderen Seite ist folgerichtig, daß der Beauftragte der NSDAP., in dessen Hand die Berufung der Gemeinderäte liegt, auch bei ihrer Abberufung eingeschaltet bleibt. Deshalb überträgt § 54 die Entscheidung über das Ausscheiden von Gemeinderäten der Aufsichtsbehörde als einer von örtlichen Erwägungen unabhängigen Stelle im Einvernehmen mit dem Beauftragten der NSDAP. Kommt kein Einvernehmen zustande, so entscheidet der Reichsstatthalter. Dabei wird zur Klarstellung bemerkt, daß die Aufsichtsbehörde im Einvernehmen mit dem Beauftragten lediglich die Tatsache des Ausscheidens feststellt. Die förmliche Entlassung bleibt Aufgabe des Bürgermeisters (§ 37).

§ 55

(1) Der Bürgermeister hat wichtige Angelegenheiten der Gemeinde mit den Gemeinderäten zu beraten. Er muß ihnen Gelegenheit zur Äußerung geben vor

1. Änderung der Gemeindegrenzen,
2. Verleihung und Aberkennung des Ehrenbürgerrechts und der Ehrenbezeichnungen,
3. Aberkennung des Bürgerrechts,
4. Erlaß, Änderung und Aufhebung von Satzungen,

5. Festsetzung von Abgaben und Tarifen,
6. Übernahme neuer Aufgaben, für die eine gesetzliche Verpflichtung nicht besteht, besonders vor Errichtung und Erweiterung von öffentlichen Einrichtungen, Betrieben und wirtschaftlichen Unternehmen, sowie vor Beteiligung an solchen Unternehmen,
7. Umwandlung der Rechtsform von Eigenbetrieben oder Unternehmen, an denen die Gemeinde maßgebend beteiligt ist,
8. Verfügung über Gemeindevermögen, besonders vor Erwerb, Veräußerung und Belastung von Grundstücken, vor Schenkungen und Darlehenshingaben, soweit es sich nicht ihrer Natur nach um regelmäßig wiederkehrende Geschäfte der laufenden Verwaltung handelt,
9. Umwandlung von Gemeindegliedervermögen in freies Gemeindevermögen, Veränderungen der Nutzungsrechte am Gemeindegliedervermögen,
10. Verzicht auf Ansprüche der Gemeinde und Abschluß von Vergleichen, soweit es sich nicht um Geschäfte der laufenden Verwaltung handelt, die geldlich von unerheblicher Bedeutung sind,
11. Aufnahme von Darlehen, Übernahme von Bürgschaften und Verpflichtungen aus Gewährverträgen und Bestellung anderer Sicherheiten,
12. über- und außerplanmäßige Ausgaben sowie vor Anordnungen, durch die Verbindlichkeiten der Gemeinde entstehen können, für die keine Mittel im Haushaltsplan vorgesehen sind, soweit sie nicht geringfügig sind,

13. Führung eines Rechtsstreits von größerer Bedeutung.

(2) Duldet die Angelegenheit keinen Aufschub, so kann der Bürgermeister von der Beratung absehen; er hat den Gemeinderäten bei der nächsten Beratung die Art der Erledigung mitzuteilen.

Zu § 55: 1. Die besondere Bedeutung, die das Gesetz der Mitwirkung der Gemeinderäte beimißt, kommt am klarsten in der Vorschrift des § 55 zum Ausdruck, die dem Bürgermeister zur Pflicht macht, wichtige Angelegenheiten der Gemeinde mit den Gemeinderäten zu beraten. Dabei überläßt es das Gesetz nicht etwa ausschließlich dem Ermessen des Bürgermeisters, den Kreis dieser wichtigen Angelegenheiten selbst zu bestimmen; es bezeichnet vielmehr ausdrücklich gewisse, für das Gemeindeleben besonders wesentliche Entschließungen, bei denen der Bürgermeister den Gemeinderäten vorher Gelegenheit zur Äußerung geben muß. Dabei ist die Aufzählung in § 55 Abs. 1 bewußt weit gezogen, weil eine wirklich eingehende Anteilnahme der Gemeinderäte an den Geschicken der Gemeinde nur dann gesichert ist, wenn sie in allen wichtigen Angelegenheiten zur Beratung herangezogen werden.

Nur unter den Voraussetzungen des § 55 Abs. 2 darf der Bürgermeister von einer vorherigen Beratung mit den Gemeinderäten Abstand nehmen. Diese Ausnahmevorschrift war erforderlich, weil es erfahrungsgemäß in jeder Gemeindeverwaltung Fälle gibt, die keinen Aufschub dulden und in denen jeder Aufschub der Gemeinde schaden würde. Es würde aber den Absichten des Gesetzes durchaus widersprechen, wenn von dieser Ausnahmevorschrift über das unbedingt nötige Maß hinaus Gebrauch gemacht würde.

2. Der Bürgermeister ist nach § 55 zur Beratung wichtiger Gemeindeangelegenheiten mit den Gemeinderäten verpflichtet. Er muß ihnen zu bestimmten Fragen Gelegenheit zur Äußerung geben. Eine Verletzung dieser dem Bürgermeister obliegenden Pflichten hat jedoch nicht zur Folge, daß dadurch eine ohne Beratung gefaßte Entschließung ungültig und daß Rechtshandlungen, die zu ihrer Durchführung vorgenommen werden, unwirksam wären. Das folgt daraus, daß die Beratung kein Teil

der dem Bürgermeister ausschließlich übertragenen Willensbildung und Willensäußerung für die Gemeinde ist, und daß demnach durch das Fehlen der Beratung diese nicht fehlerhaft werden. Das schließt selbstverständlich nicht aus, daß sich aus einer derartigen Pflichtverletzung für den Bürgermeister Haftungen und dienststrafrechtliche Folgen ergeben können.

§ 56

(1) Der Bürgermeister lädt die Gemeinderäte mit angemessener Frist zu den Beratungen und teilt die Beratungsgegenstände mit.

(2) Der Bürgermeister bestimmt jeweils, ob die Beratungen öffentlich oder nicht öffentlich sind. Die Tagesordnung öffentlicher Beratungen ist mit Ort und Stunde öffentlich bekanntzumachen.

(3) Die Beigeordneten nehmen an den Beratungen mit den Gemeinderäten teil. Der Bürgermeister kann Beamte und Angestellte der Gemeinde sowie Sachverständige zu den Beratungen zuziehen.

(4) Die Gemeinderäte müssen an den Beratungen teilnehmen, wenn sie nicht vom Bürgermeister beurlaubt sind.

Zu § 56: § 56 trifft die erforderlichen Vorschriften für die gemeinsamen Beratungen der Gemeinderäte:

1. Die Einberufung der Gemeinderäte steht ausschließlich dem Bürgermeister zu. Ein Selbstversammlungsrecht besteht ebensowenig wie der Anspruch eines Gemeinderats oder eines bestimmten Teils der Gemeinderäte, die Zusammenberufung zu verlangen. Die Einberufung der Gemeinderäte erfolgt durch besondere Ladung, deren Form sich nach dem Ortsgebrauch richten kann, unter Angabe der Beratungsgegenstände. Dabei ist selbstverständlich, daß der Bürgermeister bemüht sein muß, den Gemeinderäten namentlich in wichtigen Angelegenheiten vor der Beratung auch etwa erforderliches sonstiges Material zuzuleiten.

2. In der Frage, ob die Beratungen mit den Gemeinderäten

öffentlich oder nicht öffentlich sein sollen, überläßt es die Gemeindeordnung dem Bürgermeister, von Fall zu Fall hierüber Entscheidung zu treffen. Durch diese Regelung wird den Bedürfnissen des Einzelfalles am besten Rechnung getragen.

3. Die Beigeordneten als Vertreter des Bürgermeisters müssen über alle wesentlichen Vorgänge in der Gemeindeverwaltung unterrichtet sein. Sie nehmen deshalb nach § 56 Abs. 3 Satz 1 an den Beratungen mit den Gemeinderäten teil. Darüber hinaus kann der Bürgermeister auch sonstige Beamte und Angestellte der Gemeinde sowie Sachverständige zu den Beratungen nach Lage des Einzelfalles hinzuziehen. Auch das ist im Interesse einer sachlichen Erklärung zur Beratung stehender Fragen zweckmäßig. Dabei bleibt dem Bürgermeister überlassen, sowohl den Beigeordneten als auch diesen Beamten und Angestellten im Einzelfalle den Sachvortrag zu übertragen.

4. Es gehört zu den Amtspflichten der Gemeinderäte, an den Beratungen teilzunehmen. Ihr Fernbleiben bedarf ausdrücklicher Beurlaubung durch den Bürgermeister. Verletzen sie diese Amtspflicht, so kann das dienststrafrechtliche Ahndung und unter Umständen auch ihr Ausscheiden nach § 54 zur Folge haben. Bei dieser starken Bindung der Gemeinderäte kann das Gesetz davon absehen, für die Beratungen eine bestimmte Anwesenheitszahl von Gemeinderäten vorzusehen, um so mehr, als der nationalsozialistische Staat auf eine wirklich rege Beteiligung der Ehrenbeamten an den Beratungen ohnehin rechnen kann.

§ 57

(1) Der Bürgermeister eröffnet, leitet und schließt die Beratungen mit den Gemeinderäten. Er sorgt dafür, daß nur solche Angelegenheiten erörtert werden, die zum Aufgabengebiet der Gemeinde gehören.

(2) Er handhabt die Ordnung in den Beratungen und übt das Hausrecht aus. Auf sein Verlangen haben sich die einzelnen Gemeinderäte zu bestimmten Beratungsgegenständen zu äußern. Sie sind zur Äußerung verpflichtet, wenn ihre Meinung von der

des Bürgermeisters abweicht. Eine Abstimmung der Gemeinderäte findet nicht statt.

(3) Über den wesentlichen Inhalt der Beratungen ist eine Niederschrift zu fertigen. In die Niederschrift sind abweichende Äußerungen der Gemeinderäte aufzunehmen. Auch sonst ist jeder Gemeinderat berechtigt, seine Auffassung zur Niederschrift zu geben. Die Niederschrift wird von dem Bürgermeister und zwei von ihm bestimmten Gemeinderäten unterzeichnet.

Zu § 57: 1. Für die gemeinsamen Beratungen der Gemeinderäte sind — wie überall — bestimmte Vorschriften erforderlich, die die Ordnung dieser Beratungen sichern. Diese Vorschriften trifft § 57 Abs. 1 und 2. Ihnen unterliegen alle Personen, die an den Beratungen mit den Gemeinderäten teilnehmen.

Im einzelnen sind hierbei 2 Fragen von besonderer Bedeutung:

a) Die unbedingte Sachlichkeit der Beratungen der Gemeinderäte hat der Bürgermeister dadurch sicherzustellen, daß er die Erörterung solcher Angelegenheiten nicht zuläßt, die nicht zum Aufgabengebiet der Gemeinde gehören.

b) Jeder Gemeinderat hat, wie sich aus § 57 Abs. 2 ergibt, die Verpflichtung, sich auf Verlangen des Bürgermeisters zu bestimmten Beratungsgegenständen zu äußern. Diese Verpflichtung liegt ihm auch ohne solches Verlangen stets ob, wenn seine Meinung von der des Bürgermeisters abweicht. Damit soll sichergestellt werden, daß der Gemeinderat seine Auffassung in den gemeinsamen Beratungen kundgibt und nicht später Entschließungen des Bürgermeisters angreift, denen er in der Beratung zu widersprechen unterlassen hat.

2. § 57 Abs. 3 trifft nähere Vorschriften über die Niederschrift der Beratungen mit den Gemeinderäten. Er gibt dabei den einzelnen Gemeinderäten das Recht, ihre Auffassungen zur Niederschrift zu geben.

3. Abschnitt

Beiräte

§ 58

Die Hauptsatzung kann bestimmen, daß Beiräte zur beratenden Mitwirkung für einen bestimmten Verwaltungszweig bestellt werden. Beiräte können außer Gemeinderäten auch andere sachkundige Bürger sein. Die Beiräte werden vom Bürgermeister berufen.

Zu § 58: Namentlich in größeren Gemeinden besteht ein Bedürfnis dafür, daß dem Bürgermeister und seinen Beigeordneten außer den Gemeinderäten noch sonstige Berater beigegeben werden. In diesen Gemeinden kommen zahlreiche Fragen zur Entscheidung, die entweder wegen ihrer verhältnismäßig geringen Bedeutung mit den Gemeinderäten überhaupt nicht beraten werden, oder die vor der Beratung mit den Gemeinderäten zweckmäßig in kleinerem Kreise vorberaten werden. Außerdem gibt es zahlreiche Verwaltungszweige, bei denen darüber hinaus eine regelmäßige Beratung erwünscht und förderlich ist.

Deshalb schafft § 58 die Möglichkeit, nach den örtlichen Bedürfnissen Beiräte für bestimmte Verwaltungszweige (z. B. Finanzwesen, Wohlfahrtswesen, Kulturwesen usw.) einzurichten. Derartige Beiräte können auch für Einzelfragen bestellt werden.

Die Berufung der Beiräte ist dem Bürgermeister übertragen. Diese Regelung hat ihren Grund darin, daß die Beiräte einzig und allein Berater der Verwaltung sind. Die besonderen Aufgaben der Gemeinderäte nach § 48 fallen ihnen nicht zu.

Für die Berufung der Beiräte gibt das Gesetz bestimmte Weisungen. Aus ihnen folgt, daß als Beiräte außer Gemeinderäten auch sonstige sachkundige Bürger berufen werden können. Als Beiräte für einen bestimmten Verwaltungszweig können demnach entweder Gemeinderäte allein oder Gemeinderäte zusammen mit anderen sachkundigen Bürgern berufen werden. Diese weitgehende Beteiligung der Gemeinderäte ist deshalb zweckmäßig, weil mit den Beiräten sehr oft Angelegenheiten vorberaten werden, die später nochmals der Beratung mit den Gemeinderäten unterliegen. In diesen Fällen ist es sachdienlich, daß das Beratungsergebnis der Beiräte durch Vermittlung der als Beiräte berufenen Gemeinderäte ihren Beratungen nutzbar gemacht wird.

Aus den §§ 58, 59 ergibt sich im übrigen, daß stets mehrere Personen zu Beiräten für einen bestimmten Verwaltungszweig zu berufen sind, und daß die Beratungen des Bürgermeisters oder eines Beigeordneten mit diesen Beiräten stets in gemeinsamen Sitzungen erfolgt.

Beiräte sind, soweit sie nicht als Gemeinderäte Ehrenbeamte sind, ehrenamtlich tätig. Ob sie ein Ehrenamt bekleiden und demgemäß als Ehrenbeamte anzustellen sind, richtet sich nach der in der Hauptsatzung gemäß den Bedürfnissen des Einzelfalles getroffenen Regelung.

§ 59

Die Beratungen mit den Beiräten sind nicht öffentlich. Der Bürgermeister kann den Vorsitz einem Beigeordneten übertragen. Im übrigen gelten die Vorschriften der §§ 56, 57 über die Beratung mit den Gemeinderäten entsprechend.

Zu § 59: Während für die Beratungen mit den Gemeinderäten Ausnahmen von dem Grundsatz der Nichtöffentlichkeit möglich sind, sind die Beratungen mit den Beiräten stets nicht öffentlich. Im übrigen erklärt § 59 die für die Beratungen mit den Gemeinderäten geltenden Vorschriften der §§ 56, 57 auf die Beratung mit den Beiräten für entsprechend anwendbar.

Sechster Teil

Gemeindewirtschaft

1. Abschnitt

Gemeindevermögen

§ 60

(1) Das Gemeindevermögen ist pfleglich und wirtschaftlich zu verwalten. Mit möglichst wenig Kosten soll es den bestmöglichen Ertrag bringen.

(2) Das Gemeindevermögen ist aus Mitteln des ordentlichen Haushalts zu unterhalten.

(3) Für Vermögensgegenstände, die nach Alter, Verbrauch oder sonstiger Wertminderung jeweils ersetzt oder nach wachsendem Bedarf erweitert werden müssen, sind die Mittel zur Ersatzbeschaffung oder Erweiterung aus Mitteln des ordentlichen Haushalts anzusammeln (Erneuerungs-, Erweiterungsrücklagen).

Zu § 60: 1. Die Gemeinden sind als Träger erheblichen Vermögens Treuhänder der Volksgemeinschaft. Das verpflichtet sie, das Gemeindevermögen pfleglich und wirtschaftlich zu verwalten. Darin liegt einerseits, daß sie ihr Vermögen nach Möglichkeit zu erhalten haben und daß sie das Erbe früherer Generationen regelmäßig auch nicht zur Behebung augenblicklicher Finanzschwierigkeiten veräußern dürfen. Darin liegt aber weiter, daß sie ihr Vermögen nach den Grundsätzen möglichster Wirtschaftlichkeit verwalten müssen. Soweit es sich um Vermögensgegenstände handelt, die gemeinnützigen Zwecken dienen, haben sie in Verfolg dieser Vorschrift anzustreben, daß der gemeinnützige Zweck mit dem geringsten Aufwand erfüllt wird, während beim gemeindlichen Finanz- und Betriebsvermögen der mit diesem Vermögen regelmäßig verbundene Ertragsgedanke nach besten Kräften zu verwirklichen ist.

Im übrigen kann zu diesem Fragenkreise auf eine eingehende Begründung verzichtet werden, nachdem der frühere Reichssparkommissar die Grundsätze für eine zweckmäßige und wirtschaftliche Verwaltung des gemeindlichen Vermögens in seinen verschiedenen Städtegutachten in vorbildlicher Weise herausgearbeitet hat.

2. Es bedarf keiner näheren Begründung, daß die laufende Unterhaltung des Gemeindevermögens, zu der auch die ordnungsmäßige Instandhaltung der einzelnen Vermögensgegenstände gehört, nur aus Mitteln des ordentlichen Haushalts bestritten werden darf. Eine Deckung der hierfür notwendigen Ausgaben aus Mitteln des außerordentlichen Haushaltsplanes, etwa aus Darlehen oder aus Veräußerungserlösen, ist aus-

nahmslos unzulässig. Das gilt anders als nach § 68 Abs. 2 des preuß. Gemeindefinanzgesetzes auch für die Unterhaltung des Liegenschaftsvermögens.

3. Das Vermögen der Gemeinde ist aus natürlichen Gründen einer allmählichen Verringerung unterworfen; ebenso kann es wachsender Bedarf auf die Dauer unzureichend werden lassen. In dem ersteren Falle gebietet es schon die Pflicht der Gemeinde zur Erhaltung ihres Vermögens, in dem letzteren eine vorsorgliche Wirtschaftsführung, diese Minderungen und Mehrerfordernisse beizeiten auszugleichen. Deshalb schreibt § 60 Abs. 3 die Ansammlung von Erneuerungs- und Erweiterungsrücklagen aus Mitteln des ordentlichen Haushalts vor.

§ 61

(1) Die Gemeinde soll Vermögensgegenstände nur erwerben, soweit sie zur Erfüllung ihrer Aufgaben erforderlich sind oder in absehbarer Zeit erforderlich werden.

(2) Die Gemeinde darf Vermögensgegenstände gegen Entgelt regelmäßig nur aus Mitteln des ordentlichen Haushalts oder aus Rücklagen erwerben, die sie für diesen Zweck aus Mitteln des ordentlichen Haushalts angesammelt hat. Darlehen zum Erwerb von Vermögensgegenständen soll sie nur aufnehmen, wenn es sich um einen nicht voraussehbaren außerordentlichen Bedarf handelt oder wenn sie aus sonstigen zwingenden Gründen Rücklagen nicht ansammeln konnte.

Zu § 61: 1. Es kann nicht Aufgabe der Gemeinden sein, ohne Bedarf alle möglichen Vermögensgegenstände nur um der Vermehrung des Gemeindevermögens willen zu erwerben. Jeder Vermögenserwerb durch die Gemeinde muß vielmehr im Rahmen sofort oder alsbald zu lösender gemeindlicher Aufgaben liegen und für die Durchführung dieser Aufgaben erforderlich sein. Deshalb ist Vermögenserwerb, der in keinem inneren Zusammenhang mit den Aufgaben der Gemeinde steht, grundsätzlich abzulehnen.

Das gleiche gilt für einen Vermögenserwerb, der für Zwecke getätigt wird, die noch in durchaus unsicherer Ferne liegen. Damit soll jedoch auf der anderen Seite eine vernünftige Vorratswirtschaft der Gemeinde, die sich im Rahmen des sachlich Gebotenen und der gemeindlichen Leistungsfähigkeit hält, nicht gehindert werden.

Die Vorschrift des § 61 Abs. 1 hat, wie schon ihre Fassung ergibt, nicht die Wirkung, daß ihr zuwider abgeschlossene Geschäfte als gegen ein gesetzliches Verbot verstoßend nichtig wären. Sie spricht jedoch einen Grundsatz aus, dem auch die Aufsichtsbehörden, namentlich bei Prüfung der Haushaltssatzungen, Geltung verschaffen sollen.

2. Erwerb von Vermögensgegenständen mit geliehenem Geld ist doppelt kostspielig. Die Vorschrift des § 61 Abs. 2 will deshalb die Gemeinden in möglichst weitem Umfange wieder auf den Weg des Vermögenserwerbs aus Mitteln des ordentlichen Haushalts oder aus Rücklagen zurückführen. Nur in den Fällen des § 61 Abs. 2 Satz 2 sollen Ausnahmen von diesem Grundsatz zulässig sein.

Hinsichtlich der rechtlichen Bedeutung des § 61 Abs. 2 gilt gleiches wie zu § 61 Abs. 1.

§ 62

(1) Die Gemeinde darf Vermögensgegenstände, die sie für ihre Aufgaben in absehbarer Zeit nicht braucht, veräußern.

(2) Die Gemeinde bedarf der Genehmigung der Aufsichtsbehörde, wenn sie

1. Vermögensgegenstände aller Art unentgeltlich veräußern,
2. Grundstücke und grundstücksgleiche Rechte verkaufen oder tauschen,
3. Sachen, die einen besonderen wissenschaftlichen, geschichtlichen oder künstlerischen Wert haben, besonders Archive und Teile solcher, veräußern oder wesentlich verändern will.

(3) Der Reichsminister des Innern kann durch

Verordnung Rechtsgeschäfte nach Abs. 2 Nrn. 1 und 2 von der Genehmigungspflicht freistellen, wenn sie ihrer Natur nach regelmäßig wiederkehren oder wenn bestimmte Wertgrenzen nicht überstiegen werden.

Zu § 62: 1. Nach § 60 ist die Gemeinde zur Erhaltung ihres Vermögens verpflichtet (vgl. die Begründung zu § 60). Dieser Grundsatz hat jedoch hinsichtlich solcher Vermögensgegenstände keine innere Berechtigung, die die Gemeinde für ihre Aufgaben in absehbarer Zeit nicht braucht. Derartige Vermögensgegenstände verursachen zudem sehr oft eine laufende Belastung der Gemeinde, so daß auch unter rein finanziellen Gesichtspunkten ihre Abstoßung von Vorteil sein kann. Deshalb eröffnet § 62 Abs. 1 die Möglichkeit zur Veräußerung solcher Vermögensgegenstände. Dabei ist im § 63 dafür Sorge getragen, daß eine Minderung des Gesamtvermögens der Gemeinde durch solche Geschäfte grundsätzlich nicht eintritt.

2. Die Vorschrift des § 62 Abs. 2 sieht für bestimmte Veräußerungsgeschäfte der Gemeinden eine Genehmigung der Aufsichtsbehörde vor. Dieser Genehmigungsvorbehalt soll jede Veräußerung von Gemeindevermögen, die nicht in den Grenzen des § 62 Abs. 1 liegt oder die zu Bedingungen erfolgen soll, die für die Gemeinde nicht angemessen sind, verhindern. Dabei kommt bei den in Abs. 2 Ziff. 3 genannten Geschäften noch der Gesichtspunkt hinzu, daß die Gemeinden ihren Kunstbesitz usw., dessen Wert nach früheren Erfahrungen nicht überall hinreichend gewürdigt worden ist, behalten.

Der Zweck des in § 62 Abs. 2 vorgesehenen Genehmigungsvorbehalts läßt für bestimmte Gemeindegruppen bei regelmäßig wiederkehrenden und geringwertigen Geschäften Ausnahmen zu. Es ist deshalb im § 62 Abs. 3 die Möglichkeit offengehalten, derartige Geschäfte nach näherer Regelung des Reichsministers des Innern von der Genehmigungspflicht freizustellen. Als Beispiel einer solchen Regelung darf auf die preußische Verordnung vom 3. 7. 1934 (MBliV. S. 933) Bezug genommen werden.

Die rechtliche Bedeutung der Vorschrift des § 62 Abs. 1 entspricht der des § 61 Abs. 1. Dagegen macht das Fehlen der Genehmigung nach § 62 Abs. 2 das Veräußerungsgeschäft unwirksam.

§ 63

Der Erlös aus der Veräußerung von Vermögensgegenständen ist dem Vermögen zur Erhaltung seines Wertes zuzuführen oder zur außerordentlichen Tilgung von Darlehen zu verwenden. Ausnahmsweise darf er zur Verminderung des Darlehensbedarfs des außerordentlichen Haushaltsplans oder zur Deckung von Fehlbeträgen aus Vorjahren verwendet werden, wenn dies nach den Grundsätzen einer ordentlichen Finanzwirtschaft vertretbar ist.

Zu § 63: Auch die Vorschrift des § 63 dient dem Bestreben der Gemeindeordnung, das Gemeindevermögen, wenn auch nicht in seinem tatsächlichen, so doch in seinem wertmäßigen Bestande zu erhalten. Deshalb ist der Erlös aus der Veräußerung von Vermögensgegenständen grundsätzlich dem Vermögen zur Erhaltung seines Wertes zuzuführen. Dabei ist es auch zulässig, daß der Erlös einer zweckbestimmten Rücklage zugeführt wird, jedoch nur solchen Rücklagen, die zu Investierungszwecken angesammelt werden, nicht Rücklagen, die einem anderen Verbrauch dienen (wie Betriebs- oder Ausgleichsrücklagen). Der Erhaltung des Vermögenswerts dient auch die Verwendung des Erlöses zur außerordentlichen Tilgung von Darlehen. Unzulässig aber wäre die Verwendung zur Abdeckung von Zahlungsrückständen, die grundsätzlich aus Mitteln des ordentlichen Haushalts zu bewirken ist.

Die in § 63 Satz 1 genannten Verwendungszwecke sind jedoch nicht ausschließlich. Besondere Verhältnisse können es geboten erscheinen lassen, derartige Erlöse ausnahmsweise auch für Zwecke des laufenden außerordentlichen und ordentlichen Haushalts zu verwenden (§ 63 Satz 2).

§ 64

Für die Bewirtschaftung der Gemeindewaldungen gilt das bisherige Recht.

Zu § 64: Die Bewirtschaftung der Gemeindewaldungen unterliegt nach dem Verlaufe der Rechtsentwicklung in weitem Umfange einem Sonderrecht. Dieses Sonderrecht wird durch die Vorschriften der Gemeindeordnung nicht berührt.

§ 65

(1) Für die Nutzung des Gemeindevermögens, dessen Ertrag nach bisherigem Recht nicht der Gemeinde, sondern sonstigen Berechtigten zusteht (Gemeindegliedervermögen), verbleibt es bei den bisherigen Vorschriften und Gewohnheiten.

(2) Gemeindevermögen darf nicht in Gemeindegliedervermögen umgewandelt werden.

Zu § 65: 1. In zahlreichen Landesteilen steht die Nutzung bestimmter Teile des Gemeindevermögens nicht der Gemeinde, sondern ihren Einwohnern oder einzelnen Teilen der Einwohnerschaft zu (sog. Gemeindegliedervermögen, Allmende, Gemeindegliederklassenvermögen). Die insoweit bestehenden landesrechtlichen, ortsrechtlichen oder observanzmäßigen Vorschriften sind nach den besonderen Bedürfnissen der einzelnen Landesteile und Gemeinden so vielgestaltig und in ihrer Besonderheit auch so sehr im Bewußtsein der Bevölkerung verankert, daß es weder nötig noch angebracht war, diese Fragen einer einheitlichen Regelung zuzuführen. § 65 Abs. 1 beläßt es deshalb insoweit bei den bisherigen Vorschriften und Gewohnheiten.

2. Soweit Teile des Gemeindevermögens bisher die Eigenschaft von Gemeindegliedervermögen besitzen, behält es hierbei nach § 65 Abs. 1 sein Bewenden. Dagegen besteht kein Anlaß, in Zukunft noch weiterhin die Umwandlung von Gemeindevermögen in Gemeindegliedervermögen zuzulassen. Eine solche Umwandlung hat regelmäßig eine Verringerung der Einnahmen der Gemeinde im Gefolge, die nur unerwünscht ist.

§ 66

(1) Die Gemeinde verwaltet die örtlichen Stiftungen nach den Vorschriften dieses Gesetzes, soweit nicht durch Gesetz oder Stifter anderes bestimmt ist.

Das Stiftungsvermögen ist von dem übrigen Gemeindevermögen getrennt zu halten und so anzulegen, daß es für seinen Verwendungszweck greifbar ist.

(2) Ist die Erfüllung des Stiftungszwecks unmöglich geworden oder gefährdet die Stiftung das Gemeinwohl, so sind die Vorschriften des § 87 des Bürgerlichen Gesetzbuchs anzuwenden. Die Umwandlung des Stiftungszwecks und die Aufhebung der Stiftung steht der Gemeinde zu; sie bedarf der Genehmigung der Aufsichtsbehörde.

Zu § 66: 1. Die Gemeinde ist als Sachwalterin der örtlichen Gemeinschaft zur Verwaltung örtlicher, insbesondere wohltätiger Stiftungen besonders berufen. Seit jeher ist ihr deshalb durch freien Entschluß des Stifters die Verwaltung derartiger Stiftungen entweder in der Form anvertraut worden, daß ihr ein bestimmtes Vermögen ohne selbständige Rechtspersönlichkeit zu Eigentum mit der Auflage dauernder Verwendung für besondere örtliche Zwecke übertragen wurde, oder auch in der Form, daß die Gemeindeorgane lediglich die Verwaltung einer als selbständige Rechtsperson errichteten Stiftung übernahmen. Diese durch Jahrhunderte praktische Übung läßt es zweckmäßig erscheinen, der Gemeinde als der Trägerin aller örtlichen Gemeinschaftsaufgaben (vgl. die Begründung zu § 2) auch die Verwaltung aller örtlichen Stiftungen zu übertragen und für diese Verwaltung die Vorschriften der Gemeindeordnung für anwendbar zu erklären; das bedeutet, daß für diese Verwaltung in Zukunft sowohl die Verfassungs- als auch die Wirtschaftsvorschriften der Gemeindeordnung maßgebend sind. Anderes gilt nur dann, wenn das Gesetz oder der Stifter im Einzelfall abweichende Bestimmungen treffen. Dabei wird zur Klarstellung darauf hingewiesen, daß als örtliche Stiftungen in diesem Sinne sowohl die mit selbständiger Rechtspersönlichkeit errichteten Stiftungen des öffentlichen und privaten Rechts als auch die sog. fiduziarischen Stiftungen zu verstehen sind, soweit der Stiftungszweck ein öffentlicher (nicht rein privater) ist und im Rahmen örtlicher Aufgaben liegt.

Das Stiftungsvermögen ist bei den sog. fiduziarischen Stiftungen Gemeindevermögen, im übrigen Vermögen einer selbständigen Rechtsperson, bei dem lediglich die Verwaltung der Gemeinde zusteht. In beiden Fällen nehmen diese Vermögensteile jedoch insoweit eine Sonderstellung ein, als sie nicht wie das übrige Gemeindevermögen für allgemeine Gemeindezwecke verwendet, sondern ausschließlich dem Stiftungszweck zugeführt werden dürfen. Deshalb schreibt § 66 Abs. 1 Satz 2 vor, daß das Stiftungsvermögen von dem übrigen Gemeindevermögen getrennt zu halten und so anzulegen ist, daß es für seinen Verwendungszweck stets greifbar bleibt.

2. Nach § 87 BGB. kann die zuständige Behörde der Stiftung eine andere Zweckbestimmung geben oder sie aufheben, wenn die Erfüllung des Stiftungszwecks unmöglich geworden ist oder das Gemeinwohl gefährdet. Eine ähnliche allgemeine Vorschrift fehlte bisher sowohl für die selbständigen Stiftungen des öffentlichen Rechts als auch für die sog. fiduziarischen Stiftungen. Das hat sich in vielen Fällen als empfindliche Lücke erwiesen, so daß die Gemeinden heute noch zahlreiche Stiftungen weiterverwalten müssen, trotzdem der Stiftungszweck gar nicht mehr erreicht werden kann. Deshalb empfiehlt es sich, auch für diese Stiftungen die gleichen Möglichkeiten zu geben wie für die Stiftungen des bürgerlichen Rechts. Dabei wird als zuständige Behörde im Sinne des § 87 BGB. die Gemeinde, der nach § 66 Abs. 1 die Verwaltung der Stiftung zusteht, bestimmt. Die besondere Genehmigung der Aufsichtsbehörde zur Umwandlung des Stiftungszwecks und zur Aufhebung der Stiftung soll dabei sicherstellen, daß derartige Entschließungen der Gemeinden in Achtung des Willens des Stifters nur dann gefaßt werden, wenn sie wirklich zwingend geboten sind.

2. Abschnitt

Wirtschaftliche Betätigung der Gemeinde

§ 67

(1) Die Gemeinde darf wirtschaftliche Unternehmen nur errichten oder wesentlich erweitern, wenn

1. der öffentliche Zweck das Unternehmen rechtfertigt,
2. das Unternehmen nach Art und Umfang in einem angemessenen Verhältnis zu der Leistungsfähigkeit der Gemeinde und zum voraussichtlichen Bedarf steht,
3. der Zweck nicht besser und wirtschaftlicher durch einen anderen erfüllt wird oder erfüllt werden kann.

(2) Wirtschaftliche Unternehmen im Sinne dieses Abschnitts sind nicht
1. Unternehmen, zu denen die Gemeinde gesetzlich verpflichtet ist,
2. Einrichtungen des Unterrichts-, Erziehungs- und Bildungswesens, der körperlichen Ertüchtigung, der Kranken-, Gesundheits- und Wohlfahrtspflege.

Auch diese Unternehmen und Einrichtungen sind nach wirtschaftlichen Gesichtspunkten zu verwalten.

(3) Bankunternehmen darf die Gemeinde nicht errichten.

(4) Für das öffentliche Sparkassenwesen verbleibt es bei den besonderen Vorschriften.

Zu § 67: 1. Es gehört zu den Eigenarten der Entwicklung der gemeindlichen Selbstverwaltung in Deutschland, daß die deutschen Gemeinden auf der Grundlage der Unbeschränktheit ihres Wirkungsbereichs (vgl. die Begründung zu § 2) schon sehr früh und in verhältnismäßig weitem Umfange neben ihren Aufgaben auf dem Gebiete der öffentlichen Verwaltung auch rein wirtschaftliche Aufgaben übernommen haben. Diese Betätigung hat sich von jeher in erster Linie dem Gebiete der sog. öffentlichen Versorgungswirtschaft zugewendet und hier anerkanntermaßen große Leistungen vollbracht. Die vielfachen Angriffe der letzten Jahre gegen die wirtschaftliche Betätigung der Gemeinden richteten sich denn auch weniger gegen die von ihnen betriebenen Versorgungsunternehmungen, als vielmehr gegen ein Übergreifen der Gemeindewirtschaft auf sonstige Gebiete, die bisher ausschließlich privater Wirtschaftsbetätigung vorbehalten waren.

Diese Angriffe haben erstmalig zu besonderen gesetzlichen Vorschriften in Kap. VIII Teil V der Dritten Verordnung des Reichspräsidenten vom 6. Oktober 1931 Veranlassung gegeben. Dort wird versucht, durch regelmäßige Prüfungen der gemeindlichen Wirtschaftsbetriebe auf einen Abbau solcher Betriebe hinzuwirken, die durch den öffentlichen Zweck gemeindlicher Wirtschaftsführung nicht gerechtfertigt sind und die danach als unzulässige Konkurrenz mit der privaten Wirtschaft erscheinen. Darüber hinaus hat erstmalig das Preußische Gemeindefinanzgesetz es unternommen, Grundsätze zu entwickeln, die in Zukunft einer Ausuferung gemeindlicher Wirtschaftsbetätigung vorbeugen sollen. Diesen Grundsätzen schließt sich die Regelung des 2. Abschnitts des Deutschen Gemeindeordnung im wesentlichen an. Sie legt demgemäß in § 67 zunächst die Grenzen fest, die die Gemeinden bei der Errichtung oder wesentlichen Erweiterung wirtschaftlicher Unternehmen zu beachten haben.

a) Für die Zulässigkeit gemeindlicher Wirtschaftsbetätigung ist in jedem Falle ausschlaggebend, daß sie durch einen öffentlichen Zweck gerechtfertigt ist. Es kann einer Gemeinde nie erlaubt sein zu wirtschaften, wenn ihr einziges Ziel dabei das der Gewinnerzielung ist; vielmehr muß es sich bei der gemeindlichen Wirtschaft stets um Bestätigungen handeln, die nach der ganzen Entwicklung und den herrschenden Anschauungen eine im öffentlichen Interesse gebotene Versorgung der Einwohnerschaft zum Gegenstand haben. Demnach müssen Leistungen und Lieferungen des gemeindlichen Unternehmens selbst einem öffentlichen Zweck dienen.

b) Die Gemeinden sind in erster Linie Träger öffentlicher Verwaltung. Wie schon für den Aufgabenkreis dieser Verwaltung der Grundsatz gilt, daß er stets im Einklang mit der gemeindlichen Leistungsfähigkeit stehen muß, so muß sich auch jede wirtschaftliche Betätigung in den Grenzen halten, die der Leistungsfähigkeit der Gemeinde gezogen sind. Jede Überschreitung der Schranke schlägt nach allen Erfahrungen früher oder später immer gegen die Gemeinde selbst aus. Dazu tritt noch ein zweiter Gesichtspunkt: Der in § 72 ausgesprochene Grundsatz der Rentabilität gemeindlicher Wirtschaft läßt sich nur dann verwirklichen, wenn die Gemeinde von vornherein bei der Errichtung eines Wirtschaftsunternehmens hierauf hinreichend Rücksicht nimmt. Dazu gehört vor allem, daß das Unternehmen nach Art und Umfang in ein richtiges Verhältnis zu dem voraussichtlichen Bedarf gebracht wird und daß jede Überkapazität, soweit sie nicht durch eine in sicherer, naher Aussicht stehende Bedarfssteigerung gerechtfertigt ist, vermieden wird.

c) Es kommt bei der heutigen Gesamtlage des Reiches entscheidend darauf an, die deutsche Wirtschaft so zweckmäßig und rationell zu organisieren, als dies irgend möglich ist. Deshalb bedarf auch bei jeder gemeindlichen Wirtschaftsbetätigung die Frage der Prüfung, ob bei Berücksichtigung des Gesamtaufbaues der Wirtschaft die Gemeinde im einzelnen Falle der geeignetste Träger dieser Betätigung ist. Ergibt die Prüfung, daß die betreffende Aufgabe besser und wirtschaftlicher bereits durch einen anderen erfüllt wird oder erfüllt werden kann und ist ein anderer zur Erfüllung der Aufgabe bereit, so bleibt für eine gemeindliche Betätigung grundsätzlich kein Raum.

Diese Grundsätze sollen in Zukunft für jede Errichtung und wesentliche Erweiterung wirtschaftlicher Unternehmen der Gemeinden gelten. Dabei läßt das Gesetz die Frage offen, was wirtschaftliche Unternehmen in diesem Sinne sind. Diese Frage ist durch eine praktisch brauchbare und alle Fälle deckende Gesetzesformulierung kaum zu beantworten, so daß es richtiger erschien, die nähere Regelung insoweit der Ausführungsanweisung vorzubehalten. Für diese Regelung gibt das Gesetz bereits insoweit einen Hinweis, als es in § 67 Abs. 2 diejenigen Unternehmen und Einrichtungen aufzählt, die es nicht als wirtschaftliche Unternehmen behandelt wissen will. Diese Unterscheidung entspricht der gesamten kommunalwirtschaftlichen Entwicklungs- und Betrachtungsweise. Auch für diese Unternehmen und Einrichtungen muß jedoch der allgemeine Grundsatz gelten, daß sie nach wirtschaftlichen Gesichtspunkten, d. h. so zu verwalten sind, daß sie mit dem geringsten Aufwand den bestmöglichen Erfolg erreichen.

2. Die Gemeinden haben namentlich in der Nachkriegs- und Inflationszeit hier und dort neben ihren Spar- und Girokassen besondere Gemeindebanken ins Leben gerufen. Eine solche Betätigung schließt so weitgehende Risiken für die Gemeinden in

sich, daß es geboten erscheint, sie in Zukunft den Gemeinden überhaupt zu untersagen, zumal die bisherigen Erfahrungen auf diesem Gebiete nicht als günstig bezeichnet werden können.

3. Unberührt von dem Verbot des § 67 Abs. 3 und der in § 67 Abs. 1 getroffenen Regelung bleiben die öffentlichen Spar- und Girokassen. Bei diesen bewendet es auch nach Inkrafttreten der Deutschen Gemeindeordnung bei den bestehenden Vorschriften.

§ 68

Wenn die Gemeinde wirtschaftliche Unternehmen errichten oder wesentlich erweitern will, so hat sie der Aufsichtsbehörde rechtzeitig, mindestens sechs Wochen vor Beginn oder Vergebung der Arbeiten darüber zu berichten. Aus dem Bericht muß zu ersehen sein, ob die gesetzlichen Voraussetzungen erfüllt sind und ob die Deckung der Kosten tatsächlich und rechtlich gesichert ist.

Zu § 68: Die Vorschrift des § 68 hat rechtlich nicht die Bedeutung, daß Rechtsgeschäfte, die zur Errichtung eines nach § 67 unzulässigen Wirtschaftsunternehmens getätigt werden, nichtig wären (vgl. hierzu § 104). Vielmehr wird die Innehaltung dieser Vorschrift durch die rechtzeitige Vorlage jedes Errichtungs- und Erweiterungsprojekts an die Aufsichtsbehörde ausreichend gesichert. Diese hat, wie § 68 Satz 2 ergibt, derartige Projekte in erster Linie unter zwei Gesichtspunkten zu prüfen:

Es müssen sowohl die gesetzlichen Voraussetzungen des § 67 erfüllt als auch die Deckung der Kosten tatsächlich und rechtlich in vollem Umfange gesichert sein. Liegen diese Voraussetzungen nicht vor, so hat die Aufsichtsbehörde die Inangriffnahme des Projekts mit den Mitteln der Staatsaufsicht (§ 109) zu verhindern. Darüber hinaus ist der Aufsichtsbehörde ein besonderes Genehmigungsrecht bewußt nicht eingeräumt. Eine so weitgehende Einschaltung der Aufsichtsbehörde erschien schon deshalb nicht erforderlich, weil die Errichtung oder Erweiterung solcher Unternehmen sehr oft nur durch Inanspruchnahme von Darlehen möglich ist und jede Darlehensaufnahme ohnehin aufsichtsbehördlicher Genehmigung bedarf. Aber auch in den anderen Fällen sind durch die Vorschrift des § 68 der Aufsichtsbehörde ausreichende Möglichkeiten zur Sicherstellung des gesetzmäßigen Zustandes eröffnet.

§ 69

(1) Die Gemeinde darf sich an einem wirtschaftlichen Unternehmen nur beteiligen, wenn die Voraussetzungen des § 67 vorliegen und wenn für die Beteiligung eine Form gewählt wird, die die Haftung der Gemeinde auf einen bestimmten Betrag begrenzt. § 68 gilt entsprechend.

(2) Die Beteiligung der Gemeinde an einem Zweckverband, an dem ausschließlich öffentliche Körperschaften beteiligt sind, bleibt hiervon unberührt.

Zu § 69: 1. Die wirtschaftliche Betätigung der Gemeinden vollzieht sich nicht ausschließlich in der Form sog. Eigenbetriebe; die Gemeinden sind vielmehr in die Wirtschaft weitgehend auch dadurch eingeschaltet, daß sie sich an selbständigen Wirtschaftsunternehmungen (erinnert sei z. B. an die großen gemischtwirtschaftlichen Unternehmungen) beteiligen. Eine solche Beteiligung kann grundsätzlich nicht anders beurteilt werden als die in § 67 behandelte Eigenbetätigung. Deshalb gelten auch für diese Beteiligungen die dort genannten einschränkenden Vorschriften. Da die Gemeinde bei einer solchen Beteiligung die Wirtschaftsführung des Unternehmens aber günstigstenfalls nur mittelbar beeinflussen kann und sie nicht selbst ausschließlich bestimmt, können in solchen Beteiligungen besondere Gefahren liegen. Deshalb schreibt § 69 Abs. 1 noch weiter vor, daß diese Beteiligung nur zulässig ist, wenn für sie eine Form gewählt wird, die die Haftung der Gemeinde auf einen bestimmten Betrag begrenzt. Dadurch wird z. B. die Beteiligung einer Gemeinde an einer Genossenschaft mit unbeschränkter Haftpflicht in jedem Falle ausgeschlossen.

Ebenso wie im Falle des § 67 ist auch im Falle des § 69 jede Absicht einer Beteiligung rechtzeitig vorher der Aufsichtsbehörde mitzuteilen, der alsdann die gleichen Befugnisse zustehen, wie sie in der Begründung zu § 68 erörtert sind.

2. Die einschränkenden Vorschriften des § 69 Abs. 1 haben

dann keine Berechtigung, wenn eine Gemeinde sich an einem öffentlichen Zweckverband beteiligen will. Nach der Gesetzeslage sind die Aufsichtsbehörden bei der Errichtung und Erweiterung derartiger Verbände überall so weitgehend eingeschaltet, daß sich in diesen Fällen besondere Maßnahmen erübrigen.

§ 70

(1) Der Bürgermeister vertritt die Gemeinde in der Gesellschafterversammlung oder in dem dieser gleichgestellten Organ der Unternehmen, an denen die Gemeinde beteiligt ist. Bestellt der Bürgermeister Beamte oder Angestellte als Vertreter, so sind sie an seine Weisungen gebunden.

(2) Abs. 1 gilt entsprechend, wenn der Gemeinde das Recht eingeräumt ist, Mitglieder des Vorstandes, des Aufsichtsrats oder eines ähnlichen Organs von Unternehmen zu bestellen.

(3) Werden Beamte oder Angestellte der Gemeinde aus dieser Tätigkeit haftbar gemacht, so hat ihnen die Gemeinde den Schaden zu ersetzen, es sei denn, daß sie ihn vorsätzlich oder grob fahrlässig herbeigeführt haben. Auch in diesem Falle ist die Gemeinde schadenersatzpflichtig, wenn Beamte oder Angestellte nach Anweisung gehandelt haben.

Zu § 70: 1. Nach § 36 vertritt der Bürgermeister die Gemeinde. § 70 hebt insoweit nur einen Sonderfall dieser Vertretungsbefugnis hervor und klärt dabei, inwieweit Vertreter des Bürgermeisters bei ihrer Tätigkeit in einer Gesellschafterversammlung usw. an seine Weisungen gebunden sind. Eine derartige Bindung ist namentlich bei Bestellung mehrerer Vertreter unabweisbar, wenn die Interessen der Gemeinde hinreichend gewahrt werden sollen.

2. Was für die Vertretung der Gemeinde in Gesellschafterversammlungen usw. gilt, wird durch § 70 Abs. 2 auch in dem Fall für anwendbar erklärt, daß der Gemeinde das Recht ein-

geräumt ist, Mitglieder des Vorstandes, des Aufsichtsrats oder eines ähnlichen Organs von Gesellschaften zu bestellen. Hier war insbesondere nach der bisherigen Rechtsprechung streitig, inwieweit derartige Mitglieder an die Weisungen der Gemeinde gebunden seien. Auch hier ist es jedoch im Gemeindeinteresse unvermeidlich, eine derartige Bindung auszusprechen. Dem entspricht es auf der anderen Seite, daß die Mitglieder, wenn sie entsprechend ihrer Weisung handeln, bei Schadensersatzansprüchen von einer persönlichen Haftung regelmäßig freigestellt werden. Die insoweit in § 70 Abs. 3 getroffene Regelung deckt sich mit den Vorschriften des Reichsbeamtengesetzes; sie gilt auch in den Fällen des § 70 Abs. 1.

§ 71

(1) Vertreter der Gemeinde in dem Vorstand, dem Aufsichtsrat oder einem sonstigen Organ einer Gesellschaft, an der Gemeinden oder Gemeindeverbände mit mehr als 75 vom Hundert beteiligt sind, dürfen der Aufnahme von Darlehen oder Kassenkrediten nur mit Genehmigung der Aufsichtsbehörde zustimmen.

(2) Sind mehrere Gemeinden beteiligt, die verschiedenen Aufsichtsbehörden unterstehen, so hat die nächsthöhere gemeinsame Aufsichtsbehörde auf Antrag des Vorstandes eine für alle Beteiligten zuständige Aufsichtsbehörde zu bestimmen.

(3) Diese Vorschriften sind entsprechend anzuwenden, wenn ein Unternehmen, an dem Gemeinden oder Gemeindeverbände mit mehr als 75 vom Hundert beteiligt sind, sich an einem anderen Unternehmen beteiligen will.

Zu § 71: Die Gemeinden unterliegen aus den Gründen, die zu § 76 im einzelnen erörtert sind, einer weitgehenden Sonderaufsicht hinsichtlich ihrer Schuldenwirtschaft. Diese Aufsicht ist jedoch solange lückenhaft, als in sie nicht auch solche Schuldaufnahmen einbezogen werden, die nicht von der Gemeinde selbst, sondern von solchen Unternehmen getätigt werden, an denen Gemeinden maßgebend beteiligt sind. Diese Lücke wird nunmehr durch den § 71 geschlossen. Dabei ist, da solche Unternehmen einer Aufsicht unmittelbar nicht unterstehen, der Weg gewählt, daß gemeindliche Vertreter im Vorstand, im Aufsichtsrat oder in einem sonstigen Organ der Gesellschaft der Aufnahme von Darlehen und Kassenkrediten nur mit Genehmigung der für die Gemeinde zuständigen Aufsichtsbehörde zustimmen dürfen. Ohne eine solche Genehmigung ist die Zustimmung unwirksam (vgl. § 104).

Bei der Abgrenzung des Kreises der Unternehmen, die dieser Beschränkung unterliegen sollen, ist das Gesetz davon ausgegangen, daß eine solche besondere Aufsicht nur dort gerechtfertigt ist, wo die Gemeinden überwiegend beteiligt sind. Diese Grenze ist zweckmäßig dort zu ziehen, wo sich das private Kapital nicht einmal die Minderheitsrechte im Sinne des Aktienrechts gesichert hat. Die Beschränkung gilt darüber hinaus aber auch für solche Unternehmen, bei denen der maßgebende Einfluß nicht den Gemeinden selbst, sondern von ihnen maßgeblich beeinflußten Unternehmen in dem obengenannten Sinne zusteht (§ 71 Abs. 3).

§ 72

(1) Wirtschaftliche Unternehmen sollen einen Ertrag für den Haushalt der Gemeinde abwerfen.

(2) Die Einnahmen jedes Unternehmens sollen mindestens alle Aufwendungen decken und angemessene Rücklagen ermöglichen. Zu den Aufwendungen gehören auch die Steuern, die Zins- und Tilgungsbeträge für die zu Zwecken des Unternehmens aufgenommenen Schulden, die marktübliche Verzinsung der von der Gemeinde zur Verfügung gestellten Betriebsmittel sowie die angemessene Vergütung der Leistungen und Lieferungen von Unternehmen und Verwaltungszweigen der Gemeinde für das Unternehmen.

Zu § 72: 1. Die Gemeindeordnung geht davon aus, daß sich die Gemeinden bei jeder wirtschaftlichen Betätigung grundsätzlich von wirtschaftlichen Gesichtspunkten leiten lassen müssen. Deshalb muß, unbeschadet der Möglichkeit, in besonderen Fällen auch andere Momente zu berücksichtigen, über jeder Wirtschaftsführung auch der Gemeinden der Grundsatz stehen, daß das Unternehmen einen Ertrag für den Haushalt abwirft. Darin liegt ja gerade der Wesensunterschied zwischen gemeindlicher Wirtschaft und gemeindlicher Verwaltung. Mindesterfordernis ist dabei, daß die Erträge jedes Unternehmens mindestens alle Aufwendungen decken und angemessene Rücklagen ermöglichen. Es ist also in Zukunft grundsätzlich ausgeschlossen, daß zur Dekkung dieser Aufwendungen Zuschüsse aus allgemeinen Haushaltsmitteln herangezogen werden. Diese auch im Interesse der Gemeindefinanzen notwendige Regelung wird noch dadurch verstärkt, daß das Gesetz in einer Reihe von Grenzfällen, in denen bisher weitgehend eine unterschiedliche Behandlung üblich war, die Zugehörigkeit zu den Aufwendungen des Unternehmens eindeutig klärt. Danach gehören zu den Aufwendungen auch die tatsächlich, nicht die nur fiktiv zu leistenden Steuern, die Zins- und Tilgungsbeträge für die zu Zwecken des Unternehmens aufgenommenen Schulden, die marktübliche Verzinsung der von der Gemeinde zur Verfügung gestellten Betriebsmittel sowie die angemessene Vergütung der Leistungen und Lieferungen von Unternehmen und Verwaltungszweigen der Gemeinde für das Unternehmen. Der hier und da erhobenen Forderung, auch die fiktiven Steuern in die Aufwendungen einzubeziehen, hat die Gemeindeordnung nicht entsprochen, weil hiergegen erhebliche Bedenken bestehen. Es bleibt jedoch vorbehalten, in der Ausführungsanweisung vorzusehen, daß in den Jahresabschlüssen gemeindlicher Unternehmen auch die fiktiven Steuern nachrichtlich anzugeben sind, um so eine Beurteilung der Rentabilität unter Zugrundelegung gleicher Maßstäbe, wie sie für die Privatwirtschaft gelten, zu ermöglichen.

2. Es gibt Fälle, in denen die Gemeinden zwangsläufig zu wirtschaftlicher Betätigung veranlaßt werden, ohne daß sich die Grundsätze des § 72 Abs. 1 und 2 sofort oder auch überhaupt durchführen lassen. Es darf insoweit z. B. auf die in § 90 des Preußischen Gemeindefinanzgesetzes besonders erwähnten Tatbestände (Versorgung der Bevölkerung mit Wasser aus gesund-

heitlichen Gründen, Verkehrseinrichtungen zur Erschließung von Gelände für Bebauungs- und Siedlungszwecke) verwiesen werden. In diesen Fällen kann ausnahmsweise von den Grundsätzen des § 72 abgewichen werden.

§ 73

Bei Unternehmen, für die kein Wettbewerb gleichartiger Privatunternehmen besteht, darf der Anschluß und die Belieferung nicht davon abhängig gemacht werden, daß auch andere Leistungen oder Lieferungen abgenommen werden.

Zu § 71: Die Gemeinden haben für bestimmte Unternehmen, insbesondere für Versorgungsbetriebe, ein tatsächliches Monopol. Es ist selbstverständlich, daß sie ein derartiges Monopol nur so handhaben dürfen, daß hierdurch berechtigte Interessen, namentlich auch des Handels und des Handwerks, nicht verletzt werden. § 73 verbietet deshalb, daß in Zukunft der Anschluß und die Benutzung bei solchen Monopolbetrieben davon abhängig gemacht werden, daß auch andere Leistungen oder Lieferungen abgenommen werden. Dadurch sollen vor allem die hier und dort noch bestehenden gemeindlichen Installationsmonopole in Zukunft unmöglich gemacht werden, soweit Handel und Handwerk die Versorgung auf diesem Gebiete durchzuführen in der Lage sind. Die Verletzung des gesetzlichen Verbots hat Nichtigkeit des Rechtsgeschäfts zur Folge (§ 104).

§ 74

(1) Für die Unternehmen ohne Rechtspersönlichkeit (Eigenbetriebe) sind Betriebssatzungen aufzustellen.

(2) Für jedes Unternehmen sind Beiräte zu bestellen. Für mehrere Unternehmen können gemeinsame Beiräte bestellt werden. Als Beiräte sind wirtschaftlich besonders sachkundige Bürger zu berufen.

(3) Haushaltsführung, Vermögensverwaltung

und Rechnungslegung jedes Unternehmens sind so einzurichten, daß sie eine besondere Betrachtung der Verwaltung und des Ergebnisses ermöglichen.

Zu § 74: 1. Die enge Verflechtung gemeindlicher Regiebetriebe, der sogenannten Eigenbetriebe, mit der Gemeindeverwaltung überhaupt, die damit verbundene Schwerfälligkeit der Wirtschaftsführung wie auch die früher jederzeit möglich parteipolitische Beeinflussung der Betriebsführung haben die Gemeinden in den verflossenen Jahren vielfach veranlaßt, derartige Betriebe in selbständige Unternehmen (Aktiengesellschaften, G. m. b. H. usw.) umzuwandeln. Diese Erscheinung, der nur eine zweckmäßige Gesetzgebung hätte vorbeugen können, ist im Grunde unerwünscht, da sie die Einheit der Gemeindeverwaltung und -aufsicht beeinträchtigt. Durch die Umgestaltung der Gemeindeverfassung ist bereits heute eine Reihe von Gründen, die zu dieser Entwicklung Anlaß gegeben haben, fortgefallen. Darüber hinaus ist es aber erforderlich, für diese Eigenbetriebe noch Sonderregelungen zuzulassen, die ohne Änderung des Rechtscharakters dieser Betriebe den Bedürfnissen einer möglichst elastischen Wirtschaftsführung entgegenkommen. Hinzu kommt, daß auch die in § 72 Abs. 2 aufgestellten Grundsätze eine gewisse Verselbständigung dieser Eigenbetriebe voraussetzen. Deshalb schreibt § 74 Abs. 1 nunmehr zwingend vor, daß für derartige Betriebe besondere Satzungen, sogenannte Betriebssatzungen, aufzustellen sind. In ihnen wird vor allem die Führung des Betriebes, seine Vertretung nach außen, seine Haushaltsführung und seine Rechnungslegung zu regeln sein.

2. Gerade in wirtschaftlichen Fragen kann die Gemeinde des Rates wirtschaftlich besonders sachkundiger Bürger nicht entbehren. Während § 58 es der näheren Regelung der Hauptsatzung überläßt, die Arbeitsgebiete zu bestimmen, für die Beiräte zu bestellen sind, schreibt deshalb § 74 Abs. 2 die Bestellung derartiger Beiräte für jedes Unternehmen, gegebenenfalls für mehrere Unternehmen gemeinsam, zwingend vor. Bei der Berufung dieser Beiräte ist dabei auf ihre wirtschaftliche Sachkunde ganz besonderes Gewicht zu legen.

3. Die Durchführung der in § 72 aufgestellten Grundsätze läßt sich nur dann erreichen, wenn die Eigenbetriebe auch auf dem Gebiete der Haushaltsführung, der Vermögensverwaltung

und der Rechnungslegung in gewissem Umfange verselbständigt werden. Die nähere Ausgestaltung der zwingenden Vorschrift des § 74 Abs. 3 bleibt der Regelung in der Betriebssatzung vorbehalten. Dabei wird durch Richtlinien dafür gesorgt werden, daß eine gewisse Einheitlichkeit dieser Regelung auch die Möglichkeit eines zwischengemeindlichen Vergleichs sichert.

§ 75

Zur Umwandlung eines Eigenbetriebes in ein rechtlich selbständiges Unternehmen bedarf die Gemeinde der Genehmigung der Aufsichtsbehörde.

Zu § 75: Es ist bereits in der Begründung zu § 74 darauf hingewiesen worden, daß die Umwandlung gemeindlicher Eigenbetriebe in rechtlich selbständige Unternehmen grundsätzlich unerwünscht ist und daß für eine solche Umwandlung künftig durchschlagende Gründe auch nicht mehr vorliegen. Deshalb wird in Zukunft eine solche Umwandlung durch den besonderen Genehmigungsvorbehalt des § 75 erschwert. Die Einbringung gemeindlichen Vermögens in ein rechtlich selbständiges Unternehmen ohne Genehmigung ist rechtsunwirksam (§ 104 Abs. 1).

3. Abschnitt

Schulden

§ 76

(1) Die Gemeinde darf Darlehen (Anleihen, Schuldscheindarlehen, sonstige Kredite mit Ausnahme der Kassenkredite) nur im Rahmen des außerordentlichen Haushaltsplans aufnehmen. Der Gesamtbetrag der Darlehen, die zur Bestreitung von Ausgaben des außerordentlichen Haushaltsplans dienen sollen, bedarf im Rahmen der Haushaltssetzung der Genehmigung der Aufsichtsbehörde. Die Genehmigung wird vorbehaltlich der Genehmigung zur Aufnahme der einzelnen Darlehen (§ 78)

ausgesprochen; sie ist zu versagen, soweit sich schon in diesem Zeitpunkt erkennen läßt, daß die Voraussetzungen für die Aufnahme der einzelnen Darlehen offenbar nicht vorliegen.

(2) Darlehensermächtigungen im außerordentlichen Haushaltsplan erlöschen unbeschadet der Vorschrift des § 87 mit Ablauf des Rechnungsjahres.

Zu § 76: Die Aufnahme von Darlehen durch Gemeinden hat aus Gründen, die einer Darlegung nicht bedürfen, von jeher besonderen Vorschriften unterlegen. In allen Landesrechten war insoweit grundsätzlich für Darlehensaufnahmen eine ausdrückliche Genehmigung der Aufsichtsbehörde vorgesehen; darüber hinaus enthalten einzelne Landesgesetze auch besondere Vorschriften über die materielle Zulässigkeit von Darlehensaufnahmen durch die Gemeinden.

Wenn derartige Vorschriften schon in einer Zeit wirtschaftlicher Blüte für unerläßlich erachtet wurden, so sind sie heute erst recht unentbehrlich. Die Gesamtverschuldung der Gemeinden hat in dem letzten Jahrzehnt einen Stand erreicht, der bei Berücksichtigung aller Umstände nahe an die Grenze des Tragbaren herankommt, sie bei manchen Gemeinden sogar übersteigt. Hinzu kommt, daß die allgemeine Lage des Kapitalmarktes in Deutschland sicherlich noch lange zu vorsichtigster Verwendung der verfügbaren Mittel, zur Vermeidung jeder Fehlinvestierung und infolgedessen zu einer möglichst wirksamen Kreditkontrolle auch gegenüber den Gemeinden zwingt.

Bei Bejahung dieser Vorfragen war demnach in der Deutschen Gemeindeordnung vor allem zu entscheiden, in welcher Form eine derartige Kreditkontrolle am zweckmäßigsten eingerichtet wird. Die Gemeindeordnung hat sich nach eingehenden Erwägungen dabei im wesentlichen der Regelung des Preußischen Gemeindefinanzgesetzes angeschlossen. Sie schafft infolgedessen bestimmte formelle und materielle Bindungen für künftige Schuldenaufnahmen der Gemeinden.

1. Erste Voraussetzung einer gesunden Schuldenwirtschaft der Gemeinde ist Planmäßigkeit und Übersichtlichkeit. Es war zweifellos ein grundlegender Fehler früherer gemeindlicher Finanzpolitik, daß die Darlehen sehr oft nicht nach einem von

vornherein festliegenden, auf die allgemeine Finanzkraft der Gemeinde abgestimmten Plan, sondern nach dem jeweils auftretenden Bedarf aufgenommen wurden. Damit war der weitere Nachteil verbunden, daß bei einer so isolierten Betrachtung häufig nicht hinreichend gewürdigt und geprüft wurde, ob denn die aus der Darlehensaufnahme folgenden Belastungen überhaupt gedeckt werden konnten.

Aus diesen Gründen sieht § 76 nunmehr vor, daß die Gemeinden Darlehen jeder Art (mit Ausnahme der Kassenkredite — vgl. hierzu § 81 —) in Zukunft nur noch im Rahmen des außerordentlichen Haushaltsplans aufnehmen dürfen. Dadurch werden die Gemeinden veranlaßt, sich schon zu Beginn des Rechnungsjahres ein Bild über alle aus Darlehen zu finanzierenden Projekte zu machen und zugleich zu prüfen, ob die dadurch eintretende Belastung mit den Möglichkeiten des ordentlichen Haushaltsplans vereinbar ist. Darüber hinaus schaltet das Gesetz aber auch die Aufsichtsbehörden schon in diesem Stadium in diese für die Finanzwirtschaft der Gemeinde ausschlaggebende Entschließung ein, indem es den Gesamtbetrag der Darlehen, die zur Bestreitung von Ausgaben des außerordentlichen Haushaltsplans dienen sollen, der Genehmigung unterwirft. Hierdurch wird auch erreicht, daß die Gemeinden möglichst frühzeitig Klarheit darüber gewinnen, welche der in den außerordentlichen Haushaltsplan eingestellten Darlehen überhaupt Aussicht auf spätere Genehmigung haben. Die Aufsichtsbehörde hat demgemäß vor Ausspruch der Genehmigung des Gesamtbetrages auch nur zu prüfen, ob die Voraussetzungen für die Aufnahme der Darlehen allgemein, insbesondere die Voraussetzungen des § 77 vorliegen; dagegen erfolgt die Prüfung vor allem der Bedingungen für die Einzeldarlehen erst vor Ausspruch der besonderen Genehmigung nach § 78.

Es entspricht der Rechtsnatur der Haushaltssatzung als einer Jahressatzung, daß die in ihr enthaltenen Ermächtigungen grundsätzlich mit Ablauf des Rechnungsjahres enden. Von diesem Grundsatz des Erlöschens der Ermächtigungen gilt jedoch insoweit eine Ausnahme, als bei nicht rechtzeitiger Feststellung der Haushaltssatzung in der sog. Interimszeit von noch nicht erschöpften Darlehensermächtigungen noch Gebrauch gemacht werden darf (vgl. §§ 76 Abs. 2, 87).

2. Der in § 76 vorgesehenen Gesamtgenehmigung folgt vor

Aufnahme jedes einzelnen Darlehens nochmals eine besondere Einzelgenehmigung, die sich in erster Linie mit der Prüfung der Darlehensbedingungen zu befassen hat (vgl. § 78).

3. Neben diesen formalen Sicherungen stellt § 77 bestimmte materielle Grundsätze auf, die für die Genehmigungspraxis der Aufsichtsbehörde unbedingt bindend sind (vgl. die Begründung zu § 77).

§ 77

(1) Die Gemeinde darf Darlehen nur zur Bestreitung eines außerordentlichen und unabweisbaren Bedarfs und nur insoweit aufnehmen, als sie zu seiner anderweitigen Deckung nicht in der Lage ist. Kann der Aufwand für die Verzinsung und Tilgung voraussichtlich nicht durch Mehreinnahmen oder Ausgabenersparnisse, die sich aus der Verwendung der Darlehensmittel ergeben, dauernd ausgeglichen werden, so muß die Gemeinde nachweisen, daß die Verzinsungs- und Tilgungsverpflichtungen mit ihrer dauernden Leistungsfähigkeit im Einklang stehen. Der Nachweis gilt in der Regel als erbracht, wenn die Gemeinde vor Aufnahme des Darlehens bereits einen wesentlichen Betrag für den Darlehenszweck aus Mitteln des ordentlichen Haushalts angesammelt hat.

(2) Die Gemeinde darf ein Darlehen, das sie bis zur Fälligkeit aus Mitteln des ordentlichen Haushalts nicht zurückzahlen kann, nur aufnehmen, wenn es sich als Vorwegnahme eines langfristigen Darlehens darstellt, das für den gleichen Zweck rechtlich und tatsächlich gesichert ist, oder wenn ein zur Abdeckung des Darlehens ausreichender Erlös aus der Veräußerung von Gemeindevermögen bis zur Fälligkeit bestimmt eingeht.

Zu § 77: Die in § 77 enthaltenen Grundsätze sollen in Zukunft jede weitere Verschuldung, die unter den Gesichtspunkten einer ordentlichen Finanzwirtschaft nicht vertretbar und für die Gemeinde nicht tragbar ist, unmöglich machen. Diese Grundsätze sind bewußt so streng; sie sollen in Abkehr von der bisherigen Übung die Gemeinden in Zukunft weitgehend wieder auf den Weg der Eigenfinanzierung durch Rücklagen usw. zurückführen. Dabei wird hinsichtlich ihrer rechtlichen Bedeutung darauf hingewiesen, daß sie eine bindende Anweisung an die zur Genehmigung zuständige Aufsichtsbehörde enthalten, die Rechtswirksamkeit eines im Widerspruch mit ihnen genehmigten Darlehens aber nicht berühren.

Im einzelnen enthalten diese Grundsätze die selbstverständliche Vorschrift, daß die Gemeinden Darlehen nur zur Bestreitung eines außerordentlichen und unabweisbaren Bedarfs aufnehmen dürfen. Darüber hinaus spricht § 77 eindeutig aus, daß eine Darlehensaufnahme stets nur dann erfolgen darf, wenn eine anderweite Deckung nicht möglich ist. Sind danach die Voraussetzungen für die Aufnahme eines Darlehens gegeben, so ist eine weitere Verschuldung der Gemeinde unter dem Gesichtspunkt ihrer Leistungsfähigkeit dann verhältnismäßig unbedenklich, wenn der Aufwand für die Verzinsung und Tilgung durch Mehreinnahmen oder Ausgabenersparnisse, die sich aus der Verwendung der Darlehensmittel ergeben, dauernd ausgeglichen werden kann. Ist dies nicht der Fall, so ist stets der besondere Nachweis der Gemeinde erforderlich, daß die Verzinsungs- und Tilgungsverpflichtungen mit ihrer dauernden Leistungsfähigkeit in Einklang stehen. In welcher Form dieser Nachweis regelmäßig zu erbringen ist, ergibt sich aus § 77 Abs. 1 letzter Satz.

Besonders strenge Vorschriften sind im Interesse eines gesunden Gemeindekredits für solche Darlehensaufnahmen erforderlich, die bis zur Fälligkeit aus Mitteln des ordentlichen Haushalts nicht zurückgezahlt werden können. Es kann in Zukunft unter keinen Umständen zugelassen werden, daß die Rückzahlung derartiger Darlehen allein auf die Erwartung gegründet wird, daß sie später durch irgendwelche andere Darlehen abgelöst werden. Die insoweit erforderlichen Sicherungen trifft deshalb § 77 Abs. 2.

§ 78

(1) Die Gemeinde bedarf zur Aufnahme der Darlehen, deren Gesamtbetrag nach § 76 genehmigt worden ist, zur Übernahme von Bürgschaften und Verpflichtungen aus Gewährverträgen und zur Bestellung anderer Sicherheiten der Genehmigung der Aufsichtsbehörde.

(2) Der Genehmigung unterliegen auch Rechtsgeschäfte, die einem der im Abs. 1 bezeichneten Rechtsgeschäfte wirtschaftlich gleichkommen.

(3) Eine Genehmigung ist nicht erforderlich für die im Rahmen der laufenden Verwaltung abzuschließenden, ihrer Natur nach regelmäßig wiederkehrenden Geschäfte, es sei denn, daß es sich unmittelbar oder mittelbar um Verpflichtungen gegenüber Ausländern oder in einer anderen als der Reichswährung handelt. Die Aufnahme von Darlehen ist in jedem Falle genehmigungspflichtig.

Zu § 78: 1. Die neben der nach § 76 erforderlichen Gesamtgenehmigung in § 78 vorgeschriebene Einzelgenehmigung jeden Darlehens einer Gemeinde bezweckt insbesondere, die Angemessenheit der Darlehensbedingungen im Einzelfalle sicherzustellen. Insoweit ist die Innehaltung bestimmter Grenzen zur Vermeidung jeder Kreditverteuerung, jeder schädlichen Konkurrenz auf dem Kapitalmarkt usw. unentbehrlich. Neben den Darlehen unterstellt § 78 aber noch eine Reihe sonstiger Geschäfte der Genehmigung, da sie erfahrungsgemäß für die Gemeinde besondere Gefahren mit sich bringen und ihre Finanzwirtschaft weitgehend beeinflussen können. Aus diesen Gründen sind nach der genannten Vorschrift auch Bürgschaften, Verpflichtungen aus Gewährverträgen und Bestellung anderer Sicherheiten an die Genehmigung der Aufsichtsbehörde gebunden. Der Mangel der Genehmigung macht die Rechtsgeschäfte unwirksam (§ 104 Abs. 1).

2. Es kann nicht zugelassen werden, daß die Gemeinden die in § 78 Abs. 1 vorgesehene Genehmigungspflicht durch eine andere bürgerlichrechtliche Gestaltung des Rechtsgeschäfts umgehen. Entsprechend einem allgemeinen Rechtsgedanken, der heute schon auf zahlreichen Gebieten namentlich des öffentlichen Rechts Geltung erlangt hat, sind deshalb in § 78 Abs. 2 auch solche Rechtsgeschäfte der Genehmigung unterworfen, die einem der in Abs. 1 bezeichneten Rechtsgeschäfte wirtschaftlich gleichkommen.

3. Zur Vermeidung jeder Erschwerung der gemeindlichen Verwaltungsführung und jeder unnötigen Belastung der Aufsichtsbehörden sind in § 78 Abs. 3 bestimmte geringfügige Geschäfte von der Genehmigungspflicht freigestellt. Die dort vorgesehenen Ausnahmen greifen jedoch auch bei Geringfügigkeit dann nicht Platz, wenn es sich um Auslandsgeschäfte, um Geschäfte in anderer als Reichswährung und um Darlehen handelt. Eine nähere Begründung dieser Ausnahmen ist nicht erforderlich.

§ 79

Die Gemeinde darf zur Sicherung des Darlehensgebers keine besonderen Sicherheiten bestellen. Die Aufsichtsbehörde kann Ausnahmen zulassen, wenn und soweit die Bestellung von Sicherheiten der Verkehrsübung entspricht.

Zu § 79: Der Gemeindekredit beruht seinem ganzen Wesen nach auf der allgemeinen Steuer- und Leistungskraft der Gemeinden. Mit diesem Grundgedanken ist es unvereinbar, daß für Darlehen an Gemeinden im Einzelfall besondere Sicherheiten verlangt und bestellt werden. § 79 erklärt demgemäß derartige Sicherheiten grundsätzlich für unzulässig. Ausnahmen von diesem Verbot kann nur die Aufsichtsbehörde zulassen, wenn und soweit die Bestellung von Sicherheiten der Verkehrsübung entspricht (z. B. hypothekarische Belastung von Wohngrundstücken bei gemeindlichem Wohnungsbau). Die Bestellung von Sicherheiten durch Gemeinden ohne Zustimmung der Aufsichtsbehörde widerspricht einem gesetzlichen Verbot und ist demgemäß nichtig (§ 104 Abs. 2).

§ 80

(1) Die Gemeinde hat für jedes Darlehen einen Tilgungsplan aufzustellen.

(2) In dem Tilgungsplan ist eine Tilgung in der Mindesthöhe der Rückzahlungsbedingungen des Darlehensvertrages vorzusehen. Darlehen zur Befriedigung wiederkehrender Bedürfnisse sind bis zur Wiederkehr des Bedürfnisses zu tilgen. Allgemein sind die Tilgungsbeträge um so höher zu bemessen, je geringer der unmittelbare wirtschaftliche Nutzen des Darlehenszweckes ist.

(3) Für Darlehen, die mit dem Gesamtbetrag fällig werden oder für die der Tilgungsplan eine von den Rückzahlungsbedingungen abweichende Tilgung vorsieht, sind die Tilgungsbeträge planmäßig anzusammeln und bereitzuhalten (Tilgungsrücklage).

Zu § 80: Es ist für die Zukunft des Gemeindekredits von ausschlaggebender Bedeutung, daß die regelmäßige laufende Tilgung von Darlehen oder ihre fristgemäße Rückzahlung in einem Gesamtbetrage unter allen Umständen gewährleistet sind. Deshalb trifft § 80 besondere Vorschriften, die der Sicherung dieses Zieles dienen.

1. In formeller Hinsicht ist in Zukunft für jedes Darlehen ein Tilgungsplan aufzustellen und mit der Darlehensaufnahme von der Aufsichtsbehörde nach § 78 zu genehmigen. Das gilt sowohl dann, wenn das Darlehen laufend getilgt werden soll, als auch dann, wenn es mit einem Gesamtbetrage fällig wird (§ 80 Abs. 3). Durch die Tilgungspläne soll die unbedingte Planmäßigkeit der Tilgung gesichert und die Möglichkeit einer Überwachung geschaffen werden.

2. Nach der materiellen Seite hin sieht das Gesetz mit bindender Wirkung für die zur Genehmigung berufenen Aufsichtsbehörden vor, daß der Mindesttilgungssatz den Rückzahlungsbedingungen des Darlehensvertrages entsprechen muß. Darüber

hinaus ist in zwei Fällen eine verstärkte Tilgung geboten. Jedes Darlehen muß unter finanzwirtschaftlichen Gesichtspunkten bis zu dem Zeitpunkt getilgt sein, in dem das Bedürfnis, für das das Darlehen aufgenommen worden ist, wiederkehrt. Das gilt auch dann, wenn die Rückzahlungsbedingungen an sich eine längere Tilgung vorsehen. Darüber hinaus ist eine gegenüber den Normalsätzen erhöhte Tilgung auch dann erforderlich, wenn der unmittelbare wirtschaftliche Nutzen des Darlehens gering ist. Derartige Darlehen sollen die Gemeinden überhaupt nur dann aufnehmen, wenn sie nach ihrer gesamten Finanzlage zu einer schnellen Tilgung in der Lage sind. Soweit die Gemeinden nach den oben erwähnten Grundsätzen verpflichtet sind, Darlehen intern zu tilgen, ist es von ausschlaggebender Wichtigkeit, daß sie die zu diesem Zweck angesammelten Tilgungsbeträge ausschließlich für die Rückzahlung bereit halten. Deshalb schließt § 80 Abs. 3 die Verwendung derartiger Tilgungsrücklagen für andere Zwecke grundsätzlich aus.

§ 81

(1) Die Gemeinde darf Kredite zur rechtzeitigen Leistung von Ausgaben des ordentlichen Haushaltsplans (Kassenkredite) nur bis zu dem in der Haushaltsatzung festgesetzten und von der Aufsichtsbehörde genehmigten Höchstbetrag aufnehmen. Die Genehmigung darf nur in Ausnahmefällen für einen höheren Betrag als ein Sechstel des haushaltsmäßigen ordentlichen Einnahmesolls erteilt werden. Kassenkredite, die im Zeitpunkt einer neuen Genehmigung nicht zurückgezahlt sind, sind bei der neuen Genehmigung einzurechnen. Die Genehmigung zur Aufnahme weiterer Kassenkredite erlischt unbeschadet der Vorschrift des § 87 mit Ablauf des Rechnungsjahres.

(2) Die Aufnahme von Kassenkrediten ist nur zu genehmigen, wenn der Bedarf nicht aus Mitteln

der Betriebsrücklage, zu deren Ansammlung jede Gemeinde verpflichtet ist, gedeckt werden kann.

(3) Kassenkredite sind aus ordentlichen Einnahmen des laufenden Haushaltsplans oder sonst innerhalb von neun Monaten zurückzuzahlen. Für Ausgaben des außerordentlichen Haushaltsplans dürfen sie nicht verwendet werden.

Zu § 81: Die Vorgänge der Vergangenheit haben gezeigt, daß die Aufnahme sog. Kassenkredite für die Gemeinden besondere Gefahren in sich tragen kann. Das Gesetz geht deshalb grundsätzlich davon aus, daß jede Gemeinde in erster Linie bestrebt sein muß, einen Kreditbedarf zur Überbrückung des Auseinanderfallens von Einnahmen und Ausgaben im ordentlichen Haushaltsplan aus eigenen Mitteln, der sog. Betriebsrücklage, zu decken (vgl. § 81 Abs. 2). Ist dies nicht möglich, so läßt es die Aufnahme von Kassenkrediten zu, jedoch nur unter folgenden Voraussetzungen:

1. Es ist bei der Notwendigkeit des reibungslosen Ablaufs der gemeindlichen Kassenführung nicht möglich, jeden Kassenkredit einer Gemeinde der besonderen Genehmigung zu unterwerfen. Auf der anderen Seite kann aber auf eine Beaufsichtigung der Kassenkreditgebarung der Gemeinden nicht völlig verzichtet werden. Deshalb schreibt § 81 Abs. 1 vor, daß Kassenkredite nur auf Grund einer Ermächtigung in der Haushaltsatzung aufgenommen werden dürfen und daß der dafür in der Haushaltssatzung vorgesehene Höchstbetrag der aufsichtlichen Genehmigung bedarf. Die Aufnahme von Kassenkrediten jeder Art außerhalb einer solchen Ermächtigung ist danach in Zukunft unwirksam. Entsprechend der Rechtsnatur der Haushaltssatzung als einer Jahressatzung sieht § 81 darüber hinaus vor, daß mit Ablauf des Rechnungsjahres die Ermächtigung zur Aufnahme weiterer Kassenkredite vorbehaltlich der Ausnahmefälle des § 87 endet. Dabei sind am Schluß des Rechnungsjahres noch nicht zurückgezahlte Kassenkredite in den für das neue Rechnungsjahr zu genehmigenden Höchstbetrag einzurechnen.

2. Nach der materiellen Seite hin bestimmt § 81 eine Höchstgrenze, bis zu der Kassenkredite aufgenommen werden dürfen. Er geht dabei davon aus, daß Kassenkredite ihrer Natur nach

stets in einem angemessenen Verhältnis zu den Einnahmen des ordentlichen Haushaltsplans, aus denen sie später wieder abgedeckt werden, stehen müssen. Die im Gesetz für die Aufnahme von Kassenkrediten vorgesehene Höchstgrenze (ein Sechstel des haushaltsmäßigen ordentlichen Einnahmesolls) ist — insbesondere bei größeren Gemeinden — sehr hoch. Nur in Ausnahmefällen darf deshalb die Aufsichtsbehörde bei der Genehmigung des Gesamtbetrages eine Überschreitung dieses Höchstsatzes zulassen.

Hinsichtlich der Rückzahlungsdauer schreibt das Gesetz vor, daß jeder Kassenkredit aus Einnahmen des ordentlichen Haushaltsplans des laufenden Rechnungsjahres oder sonst innerhalb von neun Monaten abzudecken ist. Von besonderer Bedeutung ist ferner, daß die Verwendung von Kassenkrediten für Ausgaben des außerordentlichen Haushaltsplans in jedem Falle ausgeschlossen wird. Diese Vorschrift findet ohne weiteres ihre Begründung in den Folgen, die sich aus der Finanzgebarung mancher Gemeinden in früheren Jahren ergeben haben.

4. Abschnitt
Haushalt

§ 82

Das Rechnungsjahr der Gemeinde deckt sich mit dem Rechnungsjahr des Staates. Es wird nach dem Kalenderjahr benannt, in dem es beginnt.

Zu § 82: Der § 82 bestimmt die Dauer der gemeindlichen Haushalts- und Rechnungsperiode. In Verbindung mit den Vorschriften der §§ 83, 95 ergibt er, daß jede Gemeinde für einen bestimmten Zeitraum, das Rechnungsjahr, die Einnahmen und Ausgaben in einem Haushaltsplan zu veranschlagen hat und daß nach Ablauf des Rechnungsjahres über diese Einnahmen und Ausgaben Rechnung zu legen ist.

§ 82 verzichtet darauf, selbständig für die Gemeinden das Rechnungsjahr zu bestimmen. Aus zwingenden Gründen einheitlicher Finanzgebarung des Reichs und der Gemeinden schreibt er vielmehr vor, daß das Rechnungsjahr der Gemeinde sich jeweils mit dem Rechnungsjahr des Staates (Reiches) deckt.

Dieses ist zur Zeit in § 2 RHO. dahin begrenzt, daß es mit dem 1. April beginnt und mit dem 31. März schließt. Sollte der Staat diese Festlegung einmal ändern, so hat das die Änderung des gemeindlichen Rechnungsjahres ohne weiteres im Gefolge.

Durch die Vorschrift des § 82 werden länger dauernde, insbesondere mehrjährige Haushalts- und Rechnungsperioden, soweit sie landesrechtlich für bestimmte Gemeinden noch zugelassen sind, beseitigt. Das ist gerechtfertigt, weil sich die Einnahmen und Ausgaben für einen längeren Zeitraum als ein Rechnungsjahr nicht hinreichend übersehen lassen.

§ 83

Für jedes Rechnungsjahr hat die Gemeinde eine Haushaltssatzung zu erlassen. Sie enthält die Festsetzung

1. des Haushaltsplans,
2. der Steuersätze für die Gemeindesteuern, die für jedes Rechnungsjahr neu festzusetzen sind,
3. des Höchstbetrags der Kassenkredite,
4. des Gesamtbetrags der Darlehen, die zur Bestreitung von Ausgaben des außerordentlichen Haushaltsplans bestimmt sind.

Zu § 83: Die Übernahme des Rechtsinstituts der Haushaltssatzung in die Deutsche Gemeindeordnung trägt dem grundlegenden Strukturwandel Rechnung, den sie auch hinsichtlich des sogenannten Haushalts- und Steuerbewilligungsrechts herbeiführt. Nach den früheren Gemeindeordnungen gehörten diese Rechte zu den hervorragendsten Befugnissen der gemeindlichen Vertretungskörperschaften. Diese ermächtigten durch ihre Beschlüsse den Leiter der Gemeinde zur Bewirkung bestimmter Ausgaben im Rahmen der Ansätze und Zweckbestimmungen des Haushaltsplanes und zur Erhebung bestimmter Einnahmen. Eine Überschreitung der durch diese Beschlüsse gesteckten Grenzen war dem Leiter der Gemeinde grundsätzlich verwehrt.

Nach der Neuordnung der Gemeindeverfassung gibt es in Zukunft eine Vertretungskörperschaft nicht mehr. Vielmehr liegt nunmehr die gesamte Verwaltung, d. h. sowohl die Entschließung als auch der Vollzug beim Bürgermeister. Daraus ergibt sich, daß er den Haushaltsplan feststellt und zugleich ausführt. Ohne besondere Vorsorge würde der Haushaltsplan damit bestenfalls zu einem bloßen Wirtschaftsplan herabsinken, den der Bürgermeister ebenso, wie er ihn feststellt, auch jederzeit ohne weitere Bindungen ändern könnte. In einem solchen Zustande würden für eine stetige, geordnete und sparsame Wirtschaftsführung ganz erhebliche Gefahren liegen.

Aus diesem Grunde kleidet § 83 die Feststellung des Haushaltsplanes in die Form einer Satzung, die damit die wesentlich gleiche Funktion übernimmt wie der frühere Haushalts- und Steuerbewilligungsbeschluß. Diese Haushaltssatzung kommt in einem bestimmten formalen Verfahren zustande (§§ 84, 86); ihre Änderung ist nur in dem gleichen Verfahren, durch Festsetzung einer Nachtragssatzung, zulässig (§ 88). Der in diesem Verfahren im Rahmen der Haushaltssatzung festgestellte Haushaltsplan bildet die Grundlage für die Verwaltung aller Einnahmen und Ausgaben der Gemeinde. Der Bürgermeister hat die Verwaltung nach diesem Plane zu führen (§ 89) und darf die durch den Plan gezogenen Grenzen nur im Rahmen der Vorschrift des § 91 und bis zu dem in § 88 bestimmten Höchstmaß überschreiten.

Durch diese Vorschriften wird erreicht, daß das Wesen des Haushaltsplanes als einer die Wirtschaftsführung des Bürgermeisters bindend bestimmenden Norm auch in Zukunft aufrechterhalten bleibt.

Darin erschöpft sich die rechtliche Bedeutung der Haushaltssatzung aber nicht. In ihr werden mit dem Haushaltsplan weitere Entschließungen des Bürgermeisters von finanzieller Bedeutung zu einem organischen Ganzen verbunden. Damit soll erreicht werden, daß in Zukunft mit der Feststellung des Haushaltsplanes zugleich über die Deckung der vorgesehenen Ausgaben Entscheidung getroffen wird (§ 83 Nr. 2), daß Kassenkredite entsprechend ihrem Wesen nur in engster Anlehnung und voller Anpassung an die Einnahmeseite des ordentlichen Haushaltsplanes aufgenommen werden (§ 83 Nr. 3) und daß der Darlehensbedarf des außerordentlichen Haushaltsplanes von vornherein planmäßig auf die Gesamtfinanzlage der Gemeinde abgestellt wird (§ 83 Nr. 4). Diese organische Verbindung verpflichtet den Bürgermeister, die nach § 83 Nr. 1—4 zu fassenden Entschließungen im Rahmen einer einzigen Satzung zu vereinigen; sie schließt aus, daß in Zukunft Realsteuern, Kassenkredite und Darlehen außerhalb der durch die Haushaltssatzung gegebenen Ermächtigungen erhoben bzw. aufgenommen werden können.

§ 84

Die Haushaltssatzung ist vom Bürgermeister so rechtzeitig aufzustellen, daß sie den Gemeinderäten zugeleitet, mit ihnen beraten und spätestens einen Monat vor Beginn des Rechnungsjahres der Aufsichtsbehörde vorgelegt werden kann.

Zu § 84: Bei der Bedeutung der Haushaltssatzung für das Gemeindeleben muß unter allen Umständen angestrebt werden, daß diese Satzung rechtzeitig vor Beginn des Rechnungsjahres vorliegt. Der § 84 verpflichtet deshalb den Bürgermeister, die Vorbereitung der Satzung so zeitig in Angriff zu nehmen, daß sie dementsprechend rechtzeitig festgestellt und öffentlich bekanntgemacht werden kann. Er muß danach dafür Sorge tragen, daß die Verhandlungen mit den Gemeinderäten und seine endgültige Entschließung spätestens einen Monat vor Beginn des Rechnungsjahres erledigt sind. Andernfalls ist die Aufsichtsbehörde zum Eingreifen berechtigt.

§ 85

(1) Der Haushaltsplan hat alle voraussehbaren Ausgaben und Einnahmen des Rechnungsjahres zu enthalten. Die Ausgaben sind unter Einbeziehung von Fehlbeträgen aus Vorjahren mit den Einnahmen auszugleichen.

(2) Die Gemeinde kann Steuern und Abgaben nach den gesetzlichen Vorschriften erheben, soweit die sonstigen Einnahmen zur Deckung der Ausgaben nicht ausreichen.

Zu § 85: 1. Der § 85 Abs. 1 enthält zwei für das Haushaltsrecht besonders wesentliche Vorschriften. Er legt den Grundsatz der Vollständigkeit des Haushaltsplanes und den für jede auf die Dauer gesunde Finanzwirtschaft unerläßlichen Grundsatz des Haushaltsausgleichs gesetzlich fest.

a) Zweck des Haushaltsplanes ist, ein völlig umfassendes Bild der Jahresfinanzwirtschaft der Gemeinde zu geben. Dazu gehört in erster Linie, daß alle voraussehbaren Einnahmen und Ausgaben nach zuverlässiger Schätzung in dem Gesamtwerk des Haushaltsplanes vereinigt werden (Grundsatz der Vollständigkeit des Haushaltsplanes). Durch die Vorschrift des § 85 wird so die Bewirtschaftung irgendwelcher Einnahmen und Ausgaben außerhalb des Haushaltsplanes, auch im Rahmen etwaiger Sonderhaushaltspläne, grundsätzlich ausgeschlossen (Grundsatz der sachlichen Einheit des Haushaltsplanes).

b) Der finanzpolitische Zweck des Haushaltsplanes liegt darin, daß in ihm die Ausgaben, die durch Verfolgung bestimmter kommunalpolitischer Ziele entstehen, und die zur Verfügung stehenden Deckungsmittel zum Ausgleich gebracht werden müssen. Ohne ausgeglichene Haushaltspläne ist eine gesunde Finanzwirtschaft öffentlicher Körperschaften, wie eine nicht weit zurückliegende Vergangenheit lehrt, undenkbar. Deshalb stellt § 85 Abs. 1 mit Recht den Grundsatz auf, daß die Ausgaben unter Einbeziehung von Fehlbeträgen aus Vorjahren mit den Einnahmen auszugleichen sind. Das Gesetz stellt damit mit vollem Bewußtsein und mit voller Eindeutigkeit fest, daß in der Gemeinde für finanzpolitische Experimente irgendwelcher Art auf Kosten des Haushaltsausgleichs kein Raum ist. Verletzen die Gemeinden diese Vorschrift, so ist es unter allen Umständen Sache der Aufsichtsbehörde, diesem eindeutigen Willen des Gesetzes Geltung und Anerkennung zu schaffen.

2. Die Vorschrift des § 85 Abs. 2 bestätigt das Steuer- und Abgabeerhebungsrecht der Gemeinden, dessen nähere Regelung im übrigen einem Reichsgemeindeabgabengesetz vorbehalten bleibt. Sie stellt jedoch bereits im Anschluß an den früheren Rechtszustand fest, daß eine Belastung der Einwohner mit Steuern und Abgaben nur dann zulässig ist, wenn sonstige Einnahmen, z. B. aus Steuerüberweisungen, Vermögen, privatrechtlichen Entgelten usw., zur Deckung der Ausgaben nicht verfügbar sind.

§ 86

(1) Die Haushaltssatzung bedarf der Genehmigung der Aufsichtsbehörde für

1. die Höhe der Steuersätze nach den darüber bestehenden Vorschriften,
2. den Höchstbetrag der Kassenkredite,
3. den Darlehensbetrag im außerordentlichen Haushaltsplan.

(2) Die Satzung ist öffentlich bekanntzumachen, bei Genehmigungspflicht der Satzung nach Ausspruch der Genehmigung.

(3) Gleichzeitig mit der Bekanntmachung der Haushaltssatzung ist der Haushaltsplan eine Woche lang öffentlich auszulegen.

Zu § 86: 1. Aus § 84 ergibt sich, daß jede Haushaltssatzung der Aufsichtsbehörde spätestens einen Monat vor Beginn des Rechnungsjahres vorzulegen ist. Diese Vorlage dient in erster Linie der Unterrichtung der Staatsaufsicht über die Finanzverhältnisse der Gemeinden im Aufsichtsbezirk; stellt die Aufsichtsbehörde in den Haushaltssatzungen Verstöße gegen zwingende Vorschriften und Grundsätze des formellen und materiellen Haushaltsrechts fest, so hat sie hiergegen nach den Vorschriften über die Staatsaufsicht einzuschreiten.

In § 86 ist demgegenüber die Frage beantwortet, inwieweit die Haushaltssatzungen der Genehmigung der Aufsichtsbehörde bedürfen. Die Vorschrift geht dabei von dem Grundsatz der Genehmigungsfreiheit dieser Satzungen aus, da ein Anlaß, die Aufsichtsbehörde über die nach § 84 gegebene Informationsmöglichkeit hinaus in das Feststellungsverfahren einzuschalten, dann nicht vorliegt, wenn nicht einer der in § 86 Abs. 1 genannten Tatbestände gegeben ist. Dagegen ist ein Genehmigungsvorbehalt dann geboten, wenn

a) die Höhe der Steuersätze der sogenannten Jahressteuern gesetzlich vorgesehene Grenzen überschreitet, wenn also die

Finanzwirtschaft der Gemeinde die Leistungskraft der Einwohner über bestimmte Sätze und Maßstäbe hinaus in Anspruch nimmt,

b) die Gemeinde Kassenkredite aufnehmen will, da nach den Erfahrungen der Vergangenheit eine strenge Überwachung solcher Kreditaufnahmen auf ihre Verhältnismäßigkeit zu den Einnahmen des ordentlichen Haushaltsplanes unabweisbar ist,

c) Darlehensaufnahmen im außerordentlichen Haushaltsplan vorgesehen sind, da jede weitere Verschuldung der Gemeinden sorgsamster Prüfung bedarf.

2. An der Haushaltssatzung ist die Einwohnerschaft als Trägerin der Gemeindelasten in hervorragendem Maße interessiert. Deshalb schreibt § 86 Abs. 2 die öffentliche Bekanntmachung der Haushaltssatzung vor. Erst mit dieser Veröffentlichung wird die Haushaltssatzung rechtsgültig und damit vollziehbar. Zeitlich darf die Bekanntmachung bei Genehmigungspflicht der Satzung nach § 86 Abs. 1 erst nach Ausspruch der Genehmigung, im übrigen erst angemessene Zeit nach Vorlage der Satzung an die Aufsichtsbehörde erfolgen.

3. Die Haushaltssatzung gibt in der Form, wie sie nach § 86 Abs. 2 veröffentlicht wird, nur einen Überblick über gewisse Endzahlen des Haushaltsplanes, über die Steuersätze, den summenmäßigen Höchstbetrag der Kassenkredite und den Gesamtdarlehensbetrag im außerordentlichen Haushaltsplan. Das Gesamtzahlenwerk des Haushaltsplanes ist in der Veröffentlichung nicht enthalten. Es entspricht jedoch einem anzuerkennenden Bedürfnis nach Publizität der Gemeindefinanzwirtschaft, wenn den kommunalpolitisch interessierten Einwohnern auch die Möglichkeit eines Einblicks in den Haushaltsplan gegeben wird. Deshalb schreibt § 86 Abs. 3 vor, daß der Haushaltsplan gleichzeitig mit der Bekanntmachung der Haushaltssatzung eine Woche lang öffentlich auszulegen ist.

Bemerkt wird hierbei, daß eine Auslegung des Entwurfs des Haushaltsplanes, wie sie nach früherem Recht in manchen Landesteilen vorgesehen war, nicht mehr stattfindet. Diese landesrechtlichen Vorschriften haben in der Vergangenheit ihre Zielsetzung kaum erreicht; von der Einsichtnahme in den Entwurf wurde nur ein unerwartet geringer Gebrauch gemacht.

§ 87

Ist die Haushaltssatzung bei Beginn des Rechnungsjahres noch nicht bekanntgemacht, so darf der Bürgermeister

1. nur die Ausgaben leisten, die bei sparsamster Verwaltung nötig sind, um
   a) die bestehenden Gemeindeeinrichtungen in geordnetem Gang zu erhalten und den gesetzlichen Aufgaben und rechtlichen Verpflichtungen der Gemeinde zu genügen,
   b) Bauten, Beschaffungen und sonstige Leistungen fortzusetzen, für die durch den Haushaltsplan eines Vorjahres bereits Beträge festgesetzt worden sind, die haushaltsrechtlich noch verausgabt werden können;
2. die feststehenden Einnahmen und die Einnahmen aus den für ein Rechnungsjahr festzusetzenden Steuern und Abgaben nach den Sätzen des Vorjahres forterheben, soweit gesetzlich nichts anderes bestimmt ist; Zahlungen, die der Pflichtige hiernach geleistet hat, sind auf die nach der Haushaltssatzung für das neue Rechnungsjahr zu erhebenden Beträge anzurechnen;
3. im Rahmen der Genehmigung des Vorjahres noch nicht in Anspruch genommene Kassenkredite aufnehmen;
4. im Rahmen der Ansätze des außerordentlichen Haushaltsplans des Vorjahres noch nicht in Anspruch genommene Darlehen aufnehmen.

Zu § 87: Wenn auch § 85 bestrebt ist, die rechtzeitige Feststellung der Haushaltssatzung zu sichern, werden sich immer wieder Fälle ergeben, in denen bei Beginn des Rechnungsjahres eine rechtsgültige Satzung noch nicht vorliegt. Hinzuweisen ist hier z. B. auf die Fälle, in denen eine Genehmigung nicht erteilt wird (§ 86). Es ist selbstverständlich, daß auch in diesen Fällen bis zum späteren Zustandekommen der Satzung die Gemeindewirtschaft möglichst reibungslos weitergeführt werden muß. In der Finanzwissenschaft und der Finanzwirtschaft haben sich für diese Fälle bestimmte Grundsätze ausgebildet, die die Wirtschaft der Gemeinde in diesem Zeitraum regeln. Die Vorschrift des § 87 schließt sich diesen Grundsätzen an und trifft Vorschriften für die Ausgabe- und Einnahmewirtschaft, für die Aufnahme von Kassenkrediten und von Darlehen bis zum Zustandekommen der Haushaltssatzung. Einer besonderen Begründung bedürfen diese Vorschriften nicht.

§ 88

(1) Die Haushaltssatzung kann im Laufe des Rechnungsjahres nur durch eine Nachtragssatzung geändert werden.

(2) Der Bürgermeister ist zum Erlaß einer Nachtragssatzung verpflichtet, wenn sich im Laufe des Rechnungsjahres zeigt, daß

1. der im Haushaltsplan vorgesehene Ausgleich der Einnahmen und Ausgaben auch bei Ausnützung jeder Sparmöglichkeit nur durch eine Änderung der Haushaltssatzung erreicht werden kann;
2. über- oder außerplanmäßige Ausgaben in erheblichem Umfange geleistet werden müssen; § 91 Abs. 2 bleibt unberührt.

Zu § 88: 1. Es ist bereits in der Begründung zu § 83 ausgeführt, daß die in der Haushaltssatzung getroffenen Festsetzungen den Bürgermeister binden. Diese Bindung wirkt sich nach zwei Richtungen aus: er darf auf der einen Seite die in der Haushaltssatzung getroffenen Festsetzungen grundsätzlich nicht überschreiten;

er darf andererseits diese Festsetzungen nicht beliebig ändern. Nun kann sich allerdings auch eine gewissenhaft aufgestellte Haushaltssatzung im Laufe des Rechnungsjahres als unzureichend erweisen, wenn sich etwa die wirtschaftlichen Verhältnisse oder auch bestimmte gesetzliche Grundlagen ändern. In solchen Fällen wird eine Änderung der Haushaltssatzung oft unabweisbar sein. Diese Änderung kann der Leiter der Gemeinde um des bindenden Charakters der Haushaltssatzung willen jedoch nicht durch einfache Entschließung, sondern immer nur durch Erlaß einer Nachtragssatzung herbeiführen, die nach den gleichen formalen Vorschriften zustande kommt wie die Haushaltssatzung selbst.

2. § 88 Abs. 2 spricht für bestimmte Fälle die für den Bürgermeister bindende Verpflichtung zum Erlaß einer Nachtragssatzung aus.

a) Auf die Bedeutung eines ausgeglichenen Haushaltsplanes für eine gesunde und geordnete Finanzwirtschaft ist bereits in der Begründung zu § 85 hingewiesen. Es kommt nun nicht nur darauf an, einen ausgeglichenen Haushaltsplan aufzustellen; ebenso wichtig ist es, daß der Ausgleich im Laufe des Rechnungsjahres aufrechterhalten bleibt. Es ist deshalb vornehmste Pflicht des Bürgermeisters, die Haushaltswirtschaft, insbesondere die Ausgabenwirtschaft, so zu gestalten, daß jeder Fehlbetrag vermieden wird. Ist dies auch bei Ausnutzung aller Sparmöglichkeiten nicht zu erreichen, so muß der Bürgermeister eine Nachtragssatzung erlassen, wenn hierdurch z. B. im Wege der Erhöhung von Einnahmen ein Ausgleich herbeigeführt werden kann. Grundgedanke dieser Regelung ist, daß es finanzwirtschaftlich stets vorzuziehen ist, Fehlbeträge überhaupt nicht entstehen zu lassen, als ihre Deckung der Sorge späterer Jahre vorzubehalten.

b) Der § 91 hält die Möglichkeit überplanmäßiger und außerplanmäßiger Ausgaben im ordentlichen Haushaltsplan unter bestimmten Voraussetzungen offen. Eine unbeschränkte Zulassung derartiger Haushaltsüberschreitungen würde jedoch die vom Gesetz gewollte Bindung des Bürgermeisters an die Festsetzungen der Haushaltssatzung weitgehend gegenstandslos machen. Deshalb sieht § 88 Abs. 2 Nr. 2 vor, daß eine Nachtragssatzung auch dann aufgestellt werden muß, wenn über- oder außerplanmäßige Ausgaben in erheblichem Umfange zu leisten sind. Wann dies der Fall ist, ist Tatfrage.

§ 89

Die Haushaltssatzung bildet die Grundlage für die Verwaltung aller Einnahmen und Ausgaben. Der Bürgermeister hat die Verwaltung nach der Haushaltssatzung zu führen. Er darf die Haushaltsmittel nur insoweit und nicht eher in Anspruch nehmen, als es bei einer wirtschaftlichen und sparsamen Verwaltung erforderlich ist.

Zu § 89: 1. § 89 bringt die zentrale Bedeutung der Haushaltssatzung und insbesondere des Haushaltsplanes für die Verwaltung aller Einnahmen und Ausgaben zum Ausdruck. Wie nach § 85 Abs. 1 der Haushaltsplan alle voraussehbaren Einnahmen und Ausgaben des Rechnungsjahres enthalten muß, so ist auch im Laufe des Rechnungsjahres keine Einnahme oder Ausgabe denkbar, die nicht im Rahmen der Haushaltssatzung abgewickelt werden müßte. Die Vorschrift entspricht demnach dem Bedürfnis einer jederzeit klaren Finanzgebarung und der Unterbindung jeder Verschleierung (z. B. schwarze Fonds usw.).

2. Schon aus der rechtlichen Bedeutung der Haushaltssatzung ergibt sich die Bindung des Bürgermeisters an die Zweckbestimmungen und Ansätze des Haushaltsplanes. § 89 spricht diese Verpflichtung nochmals besonders aus. Darüber hinaus stellt er im Einklang mit Wissenschaft und Rechtsentwicklung klar, daß die Ausgabenseite des Haushaltsplanes für den Bürgermeister nur eine Ermächtigung darstellt. Der Bürgermeister wird danach durch den Haushaltsplan zur Leistung von Ausgaben zu den im Haushaltsplan bezeichneten Zwecken und bis zur dort vorgesehenen Höhe nur ermächtigt, nicht auch verpflichtet. Er darf von dieser Ermächtigung zeitlich und sachlich nur insoweit Gebrauch machen, als dies mit den Grundsätzen wirtschaftlicher und sparsamer Verwaltung in Einklang steht. Verletzt er diese Grundsätze, so kann dies bei Vorliegen der Voraussetzungen des § 92 seine persönliche Haftung zur Folge haben.

§ 90

Die Vorhaben, deren Kosten aus Mitteln des außerordentlichen Haushaltsplans ganz oder teilweise zu decken sind, dürfen erst in Angriff genommen werden, wenn die dafür vorgesehenen Einnahmen eingegangen sind oder wenn der rechtzeitige Eingang rechtlich und tatsächlich gesichert ist.

Zu § 90: Es hat in der Vergangenheit nicht unwesentlich zu den finanziellen Schwierigkeiten mancher Gemeinden beigetragen, daß sie in Verkennung der Grundsätze einer vorsichtigen Finanzpolitik in weitem Umfange Vorhaben des außerordentlichen Haushaltsplanes aus laufenden Einnahmen oder aus Kassenkrediten vorfinanziert haben in der Erwartung, diese Vorgriffe später durch Aufnahme von Darlehen abdecken zu können. In zahlreichen Fällen hat sich diese Erwartung nicht erfüllt und damit die Folgen herbeigeführt, die z. T. noch heute die Finanzgebarung mancher Gemeinden aufs schwerste belasten. Es war deshalb geboten, eine solche mißbräuchliche Verwendung von Mitteln des ordentlichen Haushaltsplanes und von Kassenkrediten für Zwecke des außerordentlichen Haushaltsplanes in Zukunft ausdrücklich zu verbieten. Es ist nunmehr den Gemeinden durch die Vorschrift des § 90 allgemein untersagt, Vorhaben, deren Kosten aus Mitteln des außerordentlichen Haushaltsplanes ganz oder teilweise zu decken sind, in Angriff zu nehmen, bevor die dafür vorgesehenen Einnahmen eingegangen sind oder bevor der rechtzeitige Eingang dieser Einnahmen rechtlich und tatsächlich gesichert ist.

Dabei wird zur Klarstellung darauf hingewiesen, daß sich dieses Verbot nicht nur auf solche Vorhaben erstreckt, die im außerordentlichen Haushaltsplan vorgesehen sind, sondern auf jedes Vorhaben, das seiner Natur nach aus Mitteln des außerordentlichen Haushaltsplanes ganz oder teilweise zu decken ist.

§ 91

(1) Überplanmäßige und außerplanmäßige Ausgaben dürfen nur mit Zustimmung des Bürgermeisters oder des von ihm ermächtigten Beigeordneten geleistet werden; die Zustimmung darf nur bei unabweisbarem Bedürfnis erteilt werden.

(2) Überplanmäßige und außerplanmäßige Aus-

gaben, die zum außerordentlichen Haushaltsplan gehören, dürfen nur nach Änderung der Haushaltssatzung geleistet werden.

(3) Entsprechendes gilt für Anordnungen, durch die Verbindlichkeiten der Gemeinde entstehen können, für die ausreichende Mittel im Haushaltsplan nicht vorgesehen sind.

Zu § 91: 1. Es ist bereits in der Begründung zu § 88 angedeutet, daß der Haushaltsplan das Ergebnis einer Schätzung ist und sich dementsprechend im Laufe des Rechnungsjahres in seinen Ansätzen und Zweckbestimmungen als unzureichend erweisen kann. Die Gemeinde muß deshalb jedenfalls in gewissem Umfange die Möglichkeit haben, in solchen besonderen Fällen von den Festsetzungen des Haushaltsplanes abzuweichen. Deshalb läßt § 91 Abs. 1 die Leistung überplanmäßiger und außerplanmäßiger Ausgaben, die zum ordentlichen Haushaltsplan gehören, insoweit zu, als sie nicht erheblichen Umfang annehmen (vgl. § 88). Es ist aber mit einer geordneten Finanzwirtschaft nicht vereinbar, wenn jeder mit der Ausführung des Haushaltsplanes befaßte Beamte oder Angestellte derartige Überschreitungen selbständig verfügen kann. Deshalb bindet § 91 Abs. 1 jede Haushaltsüberschreitung an die ausdrückliche vorherige Zustimmung des Bürgermeisters oder des von ihm besonders ermächtigten Beigeordneten, die eine solche Zustimmung nur bei unabweisbarem Bedürfnis erteilen dürfen (vgl. § 33 RHO.). Praktisch wird dabei diese Ermächtigung neben dem allgemeinen Vertreter ausschließlich dem Stadtkämmerer zu geben sein, der allein einen hinreichenden Überblick über die gesamte Finanzlage der Gemeinde hat. Eine weitere Sicherung gegen ein Übermaß von Haushaltsüberschreitungen liegt auch darin, daß der § 55 Abs. 1 Nr. 13 grundsätzlich die vorherige Beratung über- und außerplanmäßiger Ausgaben mit den Gemeinderäten vorschreibt.

In ihrem rechtlichen Gehalt hat die Vorschrift des § 91 Abs. 1 nur interne haushaltsrechtliche Bedeutung. Ausgaben, die unter Außerachtlassung dieser Vorschrift geleistet werden, sind demnach zivilrechtlich gültig.

Wegen der Haftung von Gemeindebeamten und Angestellten, die ohne Zustimmung gemäß § 91 Abs. 1 den Haushaltsplan überschreiten, wird auf § 93 Bezug genommen.

2. Besondere Vorsichtsmaßnahmen sind bei Haushaltsüberschreitungen geboten, die zum außerordentlichen Haushaltsplan gehören. Hier liegen nach allen Erfahrungen ganz erhebliche Gefahrenmomente für die Gemeinden. Im übrigen greifen derartige Ausgaben sehr leicht auch späteren Entschließungen der Aufsichtsbehörde, z. B. über die Genehmigung eines durch die Überschreitung eintretenden Darlehensbedarfes vor. Aus diesen Gründen verbietet § 91 Abs. 2 Überschreitungen des außerordentlichen Haushaltsplanes durch über- und außerplanmäßige Ausgaben ausnahmslos. Es ist in jedem Falle eine Nachtragssatzung erforderlich. Die Gemeinden sollen hierdurch gerade auf dem Gebiet, das zur Verschuldung führt, zur absoluten Planmäßigkeit in der Haushaltsführung gezwungen werden.

Hinsichtlich der Rechtswirkung einer Übertretung dieser Vorschrift wird auf das zu Abs. 1 Gesagte verwiesen; es gilt entsprechend.

3. Es genügt praktisch nicht, Haushaltsüberschreitungen im eigentlichen Sinne den strengen Vorschriften des § 91 zu unterstellen. Die die Mehrausgabe herbeiführende Zahlungsanweisung folgt häufig mehr oder weniger zwangsläufig aus den vorhergegangenen Schritten der Verwaltung. Was deshalb für die Anweisung der eine Haushaltsüberschreitung darstellenden Zahlung gilt, muß entsprechend auch auf die Anordnung von Maßnahmen Anwendung finden, durch die später über- oder außerplanmäßige Ausgaben notwendig entstehen müssen. Sind derartige Maßnahmen erst einmal getroffen, so ist die Gemeinde regelmäßig nicht mehr in der Lage, sich den Folgen, insbesondere etwaigen Rechtsansprüchen auf Leistung zu entziehen. Es muß deshalb auch hier gefordert werden, daß, soweit ausreichende Mittel für derartige Maßnahmen im Haushaltsplan nicht zur Verfügung stehen, die für Haushaltsüberschreitungen bestehenden Bindungen entsprechend gelten. Diesen Gedanken verwirklicht § 91 Abs. 3. Die Auswirkungen solcher Anordnungen können den ordentlichen, aber auch den außerordentlichen Haushaltsplan berühren. Je nachdem gilt deshalb für solche Anordnungen die Vorschrift des Abs. 1 oder des Abs. 2.

§ 92

Beamte und Angestellte der Gemeinde, die schuldhaft gegen die Vorschriften dieses Abschnitts verstoßen, haften der Gemeinde für den daraus entstandenen Schaden.

Zu § 92: Wenn der § 92 neben den Haftungsvorschriften des Reichsbeamtengesetzes eine besondere Haftungsbestimmung bei Verstößen gegen die Vorschriften des 4. Abschnitts vorsieht, so waren hierfür zwei Erwägungen maßgebend:

1. Eine unbedingte Beachtung der für eine gesunde Finanzgebarung unerläßlichen Vorschriften dieses Abschnitts erfordert es, daß den mit der Ausführung des Haushaltsplanes befaßten Beamten und Angestellten ihre persönliche Verantwortlichkeit stets vor Augen steht.
2. Mit der Ausführung des gemeindlichen Haushaltsplanes sind nach den praktischen Gegebenheiten in weitem Umfange auch Angestellte befaßt (z. B. Werksdirektoren usw.). Für diese gelten die Vorschriften des Reichsbeamtengesetzes überhaupt nicht, so daß sich insoweit eine besondere Vorschrift von selbst gebot.

§ 93

Leistet ein Beamter oder Angestellter der Gemeinde ohne Zustimmung des Bürgermeisters oder des zuständigen Beigeordneten eine überplanmäßige oder außerplanmäßige Ausgabe oder trifft er ohne Zustimmung eine Anordnung, durch die Verbindlichkeiten der Gemeinde entstehen können, für die Mittel im Haushaltsplan nicht vorgesehen sind, so ist er der Gemeinde zum Schadenersatz verpflichtet, es sei denn, daß er zur Abwendung einer nicht voraussehbaren dringenden Gefahr für die Gemeinde sofort handeln mußte, hierbei nicht über das durch die

Notlage gebotene Maß hinausgegangen ist und mit dem Antrag auf Zustimmung unverzüglich Anzeige erstattet. Das gleiche gilt, wenn er ohne vorherige rechtzeitige Anzeige beim Bürgermeister oder zuständigen Beigeordneten eine Zahlung leistet oder eine Anordnung trifft, obwohl er erkennt oder erkennen muß, daß durch die Zahlung oder Anordnung später der Haushaltsplan überschritten werden muß.

Zu § 93: Die Vorschrift des § 93 entspricht im wesentlichen der des § 33 Abs. 3 RHO. und der des § 140 des Preuß. Gemeindefinanzgesetzes. Sie stellt gegenüber der des § 92 eine Sondervorschrift dar, die deshalb erforderlich ist, weil es in jeder öffentlichen Finanzwirtschaft Fälle gibt, die eine unbedingte Beachtung bestimmter Vorschriften des Gesetzes nicht zulassen.

Nach der Vorschrift des § 91 dürfen über- und außerplanmäßige Ausgaben des ordentlichen Haushalts grundsätzlich nur mit Zustimmung des Bürgermeisters oder des von ihm ermächtigten Beigeordneten, solche Ausgaben, die zum außerordentlichen Haushaltsplan gehören, nur auf Grund einer Nachtragshaushaltssatzung geleistet werden. Entsprechendes gilt für Maßnahmen, durch die Verbindlichkeiten entstehen können, für die Mittel im Haushaltsplan nicht hinreichend vorgesehen sind. Ein Beamter oder Angestellter, der ohne eine Zustimmung des Bürgermeisters oder des von ihm ermächtigten Beigeordneten derartige Zahlungen leistet oder Maßnahmen trifft, würde demnach bei Vorliegen des subjektiven Tatbestandes nach § 92 in jedem Falle haften. Eine solche Haftung wäre jedoch in den Notfällen, die § 93 aufzählt, unbillig. In solchen Fällen schließt deshalb die genannte Vorschrift die Haftung der gemeindlichen Beamten und Angestellten für Haushaltsüberschreitungen usw. ohne ausdrückliche Zustimmung des Bürgermeisters oder des zuständigen Beigeordneten aus, falls der Beamte oder Angestellte den Erfordernissen des § 93 nachkommt. Auf der anderen Seite schärft er die strenge Haftung ein durch die Aufstellung dieser Erfordernisse.

5. Abschnitt

Kassen-, Rechnungs- und Prüfungswesen

§ 94

(1) Die Kassengeschäfte führt ein besonderer Kassenverwalter; er hat einen Stellvertreter.

(2) Die Kassen der Gemeinde sollen in einer Hand vereinigt werden. Ist ein hauptamtlicher Kassenverwalter bestimmt, so müssen sie in seiner Hand vereinigt werden; die Aufsichtsbehörde kann Ausnahmen zulassen.

Zu § 94: Das Gesetz sieht davon ab, das Gebiet des gemeindlichen Kassenwesens eingehend zu regeln. Es behält vielmehr eine solche Regelung der Durchführungsverordnung (§ 105) vor und enthält selbst nur wenige grundsätzliche Vorschriften über die Gestaltung des gemeindlichen Kassenwesens.

1. Für die Frage, wer die Kassengeschäfte in der Gemeinde führen soll, geht das Gesetz davon aus, daß es sich im Interesse möglichster Sorgfalt der Kassenführung empfiehlt, die Kassengeschäfte in die Hand eines besonderen Kassenverwalters zu legen.

2. § 94 Abs. 2 betont die Grundsätze der Einheitskasse für alle Kassengeschäfte und der zentralen Bewirtschaftung aller gemeindlichen Geldmittel. Sie dienen einer zweckmäßigen und wirtschaftlichen gemeindlichen Kassenverwaltung.

Der organisatorische Grundsatz der Einheitskasse soll in der Gemeinde seine Verwirklichung durch die Einrichtung einer Hauptkasse und durch möglichste Beseitigung selbständiger Einzelkassen finden. Der Grundsatz der zentralen Bewirtschaftung der gemeindlichen Geldmittel bildet das kassenwirtschaftliche Seitenstück zu dem organisatorischen Grundsatz der Einheitskasse. Danach sollen nach Möglichkeit alle Einnahmen und Ausgaben, auch soweit sie bei Nebenkassen und Zahlstellen anfallen, in die Bücher und Rechnungen der Hauptkasse übergehen. Nur hierdurch kann ein hinreichender Überblick über den Zahlungs- und Kassenstand und eine hinreichende Zusammenfassung aller Gelder zum Ausgleich der Bedürfnisse auf sämtlichen Gebieten gewährleistet werden.

§ 95

Der Bürgermeister hat über die Einnahmen und Ausgaben des Rechnungsjahres im ersten Viertel des neuen Rechnungsjahres Rechnung zu legen.

Zu § 95: Das formelle und inhaltliche Gegenstück zum Haushaltsplan ist die Haushaltsrechnung, die der Bürgermeister über die Einnahmen und Ausgaben des Rechnungsjahres im ersten Viertel des neuen Rechnungsjahres zu legen hat. Sie ist der Rechenschaftsbericht über das Ergebnis der Jahreswirtschaft und bildet damit die Grundlage für die Rechnungsprüfung und Entlastung.

Ebenso wie der Haushaltsplan alle voraussehbaren Einnahmen und Ausgaben des Rechnungsjahres enthalten muß, so muß auch die Rechnung ein vollständiges Bild aller tatsächlich geleisteten Ausgaben und erhobenen Einnahmen geben. Eine Abwicklung von Ausgaben und Einnahmen außerhalb der Rechnung gibt es grundsätzlich nicht.

Es ist selbstverständlich, daß nach Übertragung der Rechnungsprüfung auf eine überörtliche Stelle und der Entlastung auf die Aufsichtsbehörde eine möglichste Einheitlichkeit des gemeindlichen Rechnungswesens unabweisbar ist.

§ 96

(1) Der Bürgermeister legt die Rechnung den Gemeinderäten zur Beratung vor. Über die Beratung ist eine Niederschrift aufzunehmen. Jeder Gemeinderat ist außerdem berechtigt, sich vor Abschluß der Beratung schriftlich zu äußern. Auf sein Verlangen ist der Abschluß der Beratung eine Woche auszusetzen, um ihm Gelegenheit zur schriftlichen Äußerung zu geben. Der Gemeinderat hat die schriftliche Äußerung in der Beratung der Gemeinderäte zu vertreten.

(2) In Gemeinden, in denen ein Rechnungsprüfungsamt besteht, hat der Bürgermeister zunächst diesem die Rechnung zuzuleiten.

Zu § 96: 1. Es ist vielfach als ein Mangel des Preußischen Gemeindefinanzgesetzes empfunden worden, daß es in Durchführung des Grundsatzes ausschließlicher Verantwortlichkeit des Bürgermeisters nach oben eine Beteiligung der Gemeinderäte bei der Rechnungslegung und Rechnungsprüfung nicht vorsah. Eine solche Regelung birgt die Gefahr in sich, daß das Interesse der Gemeinderäte an ihrer Arbeit erlahmt, wenn sie über die Abwicklung des Haushaltsplans, bei dessen Zustandekommen sie beratend mitwirken, nicht ausreichend unterrichtet werden.

Auf der anderen Seite kann es nach der Konstruktion der Deutschen Gemeindeordnung eine Entlastung des Bürgermeisters durch die Gemeinderäte nicht geben. Dagegen ist es zweckmäßig, sie bei der Rechnungsprüfung beratend einzuschalten. Bei der Bedeutung der Rechnungslegung sieht das Gesetz im übrigen die Möglichkeit besonderer schriftlicher Äußerung der Gemeinderäte vor.

2. In größeren Gemeinden bietet die zutreffende Beurteilung des meist sehr umfangreichen Rechnungswerkes erhebliche Schwierigkeiten. Eine fruchtbare Beratung durch die Gemeinderäte ist deshalb davon abhängig, daß ihnen gewisse Unterlagen für ihre Meinungsbildung gegeben werden. Unter diesen Unterlagen ist vor allem der Prüfungsbericht des örtlichen Rechnungsprüfungsamts von Bedeutung. Es ist deshalb in § 96 Abs. 2 vorgesehen, daß der Bürgermeister in Gemeinden, in denen ein derartiges Amt besteht, zunächst diesem die Rechnung zuleitet. Erst nach Prüfung der Rechnung durch das Prüfungsamt werden die Gemeinderäte mit ihr befaßt.

§ 97

Das Rechnungsprüfungsamt hat die Rechnung mit allen Unterlagen dahin zu prüfen,

1. ob der Haushaltsplan eingehalten ist,
2. ob die einzelnen Rechnungsbeträge sachlich und rechnerisch in vorschriftsmäßiger Weise begründet und belegt sind,
3. ob bei den Einnahmen und Ausgaben nach dem Gesetz und sonstigen Vorschriften verfahren worden ist.

Zu § 97: Die Einrichtung örtlicher Prüfungsämter, ihre Stellung und ihre sonstigen Aufgaben sind in den §§ 100 bis 102 geregelt. Auf die Begründung zu diesen Vorschriften darf im einzelnen Bezug genommen werden.

§ 97 nimmt die Aufgaben vorweg, die dem Rechnungsprüfungsamte bei der Prüfung der Rechnung obliegen. Diese Aufgaben sind unter folgenden Gesichtspunkten bedeutsam:

1. In großen Gemeinden ist eine fachlich geeignete Stelle mit dem nötigen Überblick unentbehrlich, die durch ihre ständige Beobachtung der Haushaltsabwicklung und durch die Prüfung der Rechnung dem Bürgermeister die Gewähr gibt, daß auch die nachgeordneten Dienststellen in der Gemeinde nach den Vorschriften des Gesetzes verfahren.
2. Die in § 103 vorgesehene überörtliche Prüfung läßt sich in großen Gemeinden nur dann durchführen, wenn ihr eine örtliche Stelle weitgehend vorarbeitet. Es ist für eine überörtliche Prüfungseinrichtung in aller Regel unmöglich, sich in einer großen Verwaltung jede Rechnungszahl und jeden Beleg anzusehen.

Demgemäß überträgt § 97 dem örtlichen Rechnungsprüfungsamt die Prüfung der Rechnung mit allen ihren Unterlagen. Dabei hat sich diese Prüfung sowohl auf die Einhaltung des Haushaltsplanes (Etatkontrolle), auf die förmliche, rechnerische und sachliche Richtigkeit der Belege und auf die Innehaltung sonstiger Vorschriften zu erstrecken.

§ 98

(1) Ergibt die Prüfung der Rechnung Unstimmigkeiten, so berichtet das Rechnungsprüfungsamt dem Bürgermeister. Dieser veranlaßt die erforderliche Aufklärung.

(2) Das Rechnungsprüfungsamt faßt seine Bemerkungen in einem Schlußbericht zusammen.

Zu § 98: 1. Das Rechnungsprüfungsamt hat die ihm nach § 97 zustehenden Aufgaben in eigener Verantwortung und in voller Unabhängigkeit zu erledigen. Da seine Kritik sich gegen Maßnahmen des Bürgermeisters oder der ihm nachgeordneten Beamten und Angestellten richtet, ist es jedoch geboten, vor

Niederlegung des Prüfungsergebnisses in einem Prüfungsbericht dem Bürgermeister Gelegenheit zur Klärung zu geben. Dabei ist ausdrücklich darauf hinzuweisen, daß die Stellungnahme des Bürgermeisters den Leiter des Rechnungsprüfungsamts nicht bindet, daß vielmehr das Rechnungsprüfungsamt in eigener pflichtgemäßer Entschließung darüber befindet, ob es eine Erinnerung aufrechterhalten und demgemäß in den Prüfungsbericht aufnehmen will.

2. Der Prüfungsbericht des Rechnungsprüfungsamts faßt das Prüfungsergebnis zusammen. Er hat einen doppelten Zweck: Er kann den Gemeinderäten als Material für ihre Beratung zugeleitet werden (§ 96); er wird mit der Rechnung der Aufsichtsbehörde zugeleitet (§ 99).

§ 99

(1) Der Bürgermeister legt die Rechnung mit dem Schlußbericht des Rechnungsprüfungsamtes, der Niederschrift über die Beratung und den schriftlichen Bemerkungen der Gemeinderäte der Aufsichtsbehörde vor.

(2) Nach Prüfung der Rechnung (§ 103) beschließt die Aufsichtsbehörde über die Entlastung des Bürgermeisters. Hat die Prüfung erhebliche Verstöße gegen die Grundsätze einer geordneten Haushaltsführung ergeben, so hat die Aufsichtsbehörde den Bürgermeister zu veranlassen, die erforderlichen Maßnahmen zu treffen, und dies zu überwachen.

(3) Der Entlastungsbeschluß ist dem Bürgermeister unter Mitteilung des Ergebnisses der Prüfung zuzustellen. Dieser hat ihn mit dem Ergebnis der Prüfung den Gemeinderäten zur Kenntnis zu bringen.

Zu § 99: Es ist bereits in der Begründung zu § 96 darauf hingewiesen worden, daß eine Entlastung des Bürgermeisters durch die Gemeinderäte nicht mehr in Betracht kommen kann; da es andererseits der Übung in Reich und Ländern entspricht, durch eine förmliche Maßnahme einen Schlußstrich unter die Wirtschaft des abgelaufenen Rechnungsjahres zu setzen, empfiehlt sich auch für die Gemeinden die Beibehaltung des Rechtsinstituts der Entlastung, die nach der überörtlichen Prüfung (§ 103) künftig von der Aufsichtsbehörde ausgesprochen wird. Die Entlastung bedeutet den Ausspruch der Aufsichtsbehörde, daß auf Grund ihrer Prüfung und des bei der Prüfung vorgelegten Materials Einwendungen gegen die Haushaltsführung des Bürgermeisters nicht zu erheben sind. Daraus ergibt sich ohne weiteres, daß die Entlastung ein späteres Eingreifen der Aufsichtsbehörde bei Bekanntwerden neuer Tatsachen ebensowenig ausschließt wie zivil-, straf- und dienststrafrechtliche Maßnahmen gegen die verantwortlichen Beamten.

Entsprechend der besonderen Bedeutung der Entlastung wird sie in Zukunft durch förmlichen Beschluß der Aufsichtsbehörde ausgesprochen, der dem Bürgermeister übermittelt und von ihm mit dem Ergebnis der Prüfung auch den Gemeinderäten zugeleitet wird.

§ 100

Stadtkreise müssen ein Rechnungsprüfungsamt einrichten; andere Gemeinden können es einrichten, wenn ein Bedürfnis dafür besteht und die Kosten im angemessenen Verhältnis zum Umfang der Verwaltung stehen.

Zu § 100: Die Errichtung besonderer Rechnungsprüfungsämter zur Erledigung namentlich der in § 97 bezeichneten Aufgaben hat sich in den größeren Gemeinden des Reichs im wesentlichen ohne besondere gesetzliche Vorschriften vollzogen. Der ihr zugrundeliegende Gedanke ist so wertvoll, daß auch die Deutsche Gemeindeordnung diese Einrichtung übernimmt. Worin der besondere Wert dieser Ämter besteht, ist bereits in der Begründung zu § 97 ausgeführt.

Bei der Entscheidung der Frage, in welchen Gemeinden solche Ämter zwingend vorzuschreiben und in welchen sie zuzulassen sind, war davon auszugehen, daß in Stadtkreisen derartige Ämter zur Durchführung einer ordnungsmäßigen Finanzwirtschaft unentbehrlich sind. Stadtkreise sind auch ohne weiteres in der Lage, derartige Ämter mit geeignetem Personal zu besetzen. Demgegenüber besteht für andere, insbesondere kleinere Gemeinden weder ein gleiches sachliches Bedürfnis noch die gleiche Möglichkeit personeller Ausstattung. Insoweit ist es im wesentlichen Tatfrage, ob kleinere Gemeinden ein derartiges Amt einrichten sollen. Richtunggebende Gesichtspunkte hierfür sind einerseits das sachliche Bedürfnis, andererseits die Verhältnismäßigkeit der Kosten zu dem Umfange der Verwaltung und dem durch die Einrichtung eines solchen Amtes erzielbaren Verwaltungserfolg.

§ 101

(1) Das Rechnungsprüfungsamt untersteht unmittelbar dem Bürgermeister oder dem von ihm bestimmten Beigeordneten.

(2) Der Bürgermeister kann die Leitung des Prüfungsamts nur mit Genehmigung der Aufsichtsbehörde einem Beamten übertragen und entziehen.

(3) Der Leiter des Rechnungsprüfungsamts darf mit dem Bürgermeister, den Beigeordneten sowie dem Kassenverwalter nicht bis zum dritten Grade verwandt oder bis zum zweiten Grade verschwägert sein.

(4) Der Leiter des Rechnungsprüfungsamts darf Zahlungen für die Gemeinde weder anordnen noch ausführen.

Zu § 101: Das Rechnungsprüfungsamt soll seine Aufgaben in möglichster Unabhängigkeit und Eigenverantwortlichkeit erfüllen. Da das Rechnungsprüfungsamt konstruktiv aber immer nur eine Dienststelle der Gemeinde sein kann, mußte versucht werden, diese Unabhängigkeit und Eigenverantwortlichkeit durch Maßnahmen zu sichern, die den Rahmen der gemeindlichen Organisation nicht sprengen.

Der § 101 erreicht dieses Ziel durch folgende Vorschriften:

1. Das Rechnungsprüfungsamt ist in weitem Umfange Kontrollstelle der dem Bürgermeister nachgeordneten Verwaltung. Es muß deshalb ausgeschlossen werden, daß eine nachgeordnete Dienststelle des Bürgermeisters auf die Maßnahmen des Amts irgendwelchen Einfluß nehmen kann. Deshalb unterstellt § 101 Abs. 1 das Rechnungsprüfungsamt

unmittelbar dem Bürgermeister oder einem von ihm bestimmten Beigeordneten.

2. Der Leiter des Rechnungsprüfungsamtes wird die in seinem Amte gebotene Unabhängigkeit und Unbeeinflußbarkeit nur aufbringen können, wenn er die erforderlichen sachlichen und charakterlichen Eigenschaften besitzt und wenn seine persönliche Stellung möglichst gefestigt wird. Deshalb sieht § 101 Abs. 2 vor, daß die Leitung des Prüfungsamtes einem Beamten nur mit Genehmigung der Aufsichtsbehörde übertragen und entzogen werden kann.

3. Die Unabhängigkeit des Leiters des Prüfungsamtes ist nur dann gewährleistet, wenn er mit solchen Beamten, deren Tätigkeit er in erster Linie zu überprüfen hat, nicht in verwandtschaftlichen Beziehungen steht (§ 101 Abs. 3). Entstehen derartige Beziehungen im Laufe der Amtszeit, so wird der Leiter des Amtes alsbald in einer anderen Dienststelle zu verwenden sein.

4. Der Leiter des Rechnungsprüfungsamtes darf grundsätzlich bei solchen Geschäften nicht mitwirken, deren spätere Überprüfung zu seinem eigentlichen Aufgabengebiet gehört. Deshalb darf er nach § 101 Abs. 4 Zahlungen für die Gemeinde weder anweisen noch ausführen.

§ 102

Der Bürgermeister kann dem Rechnungsprüfungsamt weitere Aufgaben übertragen, insbesondere

1. die laufende Überwachung der Kassen der Gemeinde und ihrer Unternehmen sowie die Kassen- und Vorratsprüfungen,
2. die laufende Prüfung der Wirtschaftsführung der wirtschaftlichen Unternehmen, die Prüfung der Betätigung der Gemeinde als Gesellschafter oder Aktionär in Unternehmen mit eigener Rechtspersönlichkeit und die Buch- und Betriebsprüfungen, die sich die Gemeinde bei einer Beteiligung, bei der Hingabe eines Darlehens oder sonst vorbehalten hat,

3. die Prüfung von Vergebungen,
4. die Prüfung der Verwaltung auf Zweckmäßigkeit und Wirtschaftlichkeit.

Zu § 102: § 97 bestimmt die Aufgaben, die dem Rechnungsprüfungsamt in jedem Falle kraft Gesetzes obliegen. Darüber hinaus eröffnet § 102 die Möglichkeit, dem Amte weitere Aufgaben zu übertragen. Inwieweit der Bürgermeister von dieser Möglichkeit Gebrauch machen kann, wird von den Gegebenheiten des einzelnen Falles abhängen. Die in § 102 Nr. 1 genannte Aufgabe wird dabei dem Rechnungsprüfungsamt wohl in jedem Falle übertragen werden können, während die Übertragung der in Nr. 2—4 genannten Aufgaben wesentlich von der Ausgestaltung des einzelnen Amtes und der Verwaltung überhaupt abhängt.

§ 103

(1) Der Reichsminister des Innern regelt im Einvernehmen mit dem Reichsminister der Finanzen durch Verordnung die überörtliche Prüfung des Haushalts-, Kassen- und Rechnungswesens, der Wirtschaftlichkeit und Zweckmäßigkeit der Verwaltung sowie der wirtschaftlichen Unternehmen der Gemeinde.

(2) Zu diesem Zweck wird eine Anstalt des öffentlichen Rechts errichtet, die dem Reichsminister des Innern untersteht. Bis zu ihrer Errichtung setzen die bestehenden überörtlichen Prüfungseinrichtungen ihre Tätigkeit fort.

Zu § 103: Es besteht heute kein ernsthafter Streit darüber, daß die überörtliche Prüfung der gesamten Gemeindewirtschaft einem dringenden Bedürfnis entspricht. Diese Erkenntnis hat bereits in den letzten Jahren zahlreiche gesetzliche Maßnahmen des Reichs bestimmt. Sie hat darüber hinaus eine ganze Reihe von Ländern zur Errichtung solcher Prüfungseinrichtungen veranlaßt. So hat insbesondere Preußen durch das Gemeindefinanzgesetz besondere staatliche Dienststellen eingerichtet, denen sowohl die Vornahme der sog. Ordnungsprüfungen als auch die Durchführung von Wirtschaftlichkeits- und Organisationsprüfungen und von unvermuteten Kassen- und Vorratsprüfungen übertragen ist. Des weiteren hat Baden durch Gesetz vom 9. Januar 1934 die Prüfung der Rechnungen größerer Gemeinden und Städte durch ein überörtliches, unabhängiges Amt (Gemeinderechnungsprüfungsamt) mit der Eigenschaft einer selbständigen Anstalt des öffentlichen Rechts vorgeschrieben, während in den kleinen und mittleren Gemeinden die Prüfung durch die Aufsichtsbehörde vorgenommen wird. In Bayern liegt bereits seit längerem die Prüfung dem Bayerischen Prüfungsverband öffentlicher Kassen ob, der als Körperschaft des öffentlichen Rechts mit dem Recht der Selbstverwaltung unter der Aufsicht des Staatsministeriums des Innern tätig wird. Württemberg hat durch Gesetz vom 27. Januar 1934 zur Prüfung der Haushaltsrechnungen, Verwaltungen und Unternehmungen von Gemeinden usw. „die Württembergische Prüfungsanstalt für Körperschaften" als rechtsfähige Anstalt des öffentlichen Rechts errichtet.

Ein Blick auf diese Einrichtungen zeigt, daß die Auffassungen über die richtige Form derartiger Prüfungsstellen bei aller Einheitlichkeit ihres Zwecks und ihres Zieles weitgehend auseinandergehen. Da auf der anderen Seite die praktischen Erfahrungen mit diesen verschieden gestalteten Einrichtungen noch gering sind, geben auch sie keinen hinreichenden Anhalt für die beste Form einer solchen Einrichtung.

Das Reich stand bei dieser Sachlage vor der Frage, ob es auf eine Regelung zunächst überhaupt verzichten sollte, um zunächst weitere Erfahrungen abzuwarten, oder ob bereits in der Deutschen Gemeindeordnung eine bestimmte Lösung vorzusehen sei. Es hat sich für letzteres entschieden, weil die Vereinheitlichung des Gemeinderechts und der Staatsaufsicht auch eine Lösung der Frage des überörtlichen Prüfungswesens erforderlich macht. In der Zielsetzung kam es dabei darauf an, eine Prüfungseinrichtung zu schaffen, die bei Berücksichtigung der Umgestaltung des Gemeindeverfassungsrechts einen möglichst guten Erfolg für Staat und Gemeinden verspricht. Dabei konnte aus dem Gesichtspunkt heraus, daß eine derartige Einrichtung von den zu prüfenden Gemeinden unter allen Umständen unabhängig sein muß, nur eine Rechtsform in Betracht kommen, die diesem Erfordernis unter allen Umständen gerecht wird. Auf der anderen Seite ist aber auch davon abgesehen worden, die Prüfungseinrichtungen rein staatlich zu gestalten, da hiergegen, namentlich aus den Kreisen der Selbstverwaltung, Bedenken erhoben worden sind.

Das Gesetz sieht demnach vor, daß demnächst eine Anstalt des öffentlichen Rechts für die Durchführung der überörtlichen Prüfungen errichtet wird, die dem Reichsminister des Innern untersteht. Dabei ist bewußt davon abgesehen worden, diese Anstalt nur der Aufsicht des Reichsministers des Innern zu unterstellen. Ihm soll vielmehr nach dem Willen des Gesetzes sowohl auf die Ausgestaltung als auch auf die Arbeit dieser Anstalt entscheidender Einfluß eingeräumt sein, der vor allem darin bestehen wird, daß er die Stellen der leitenden Beamten in dieser Anstalt besetzt.

Die Errichtung dieser Anstalt ist erst dann möglich, wenn über die Neueinteilung des Reiches und die endgültige Abgrenzung der Zuständigkeiten, namentlich auf dem Gebiete der Kommunalaufsicht, Klarheit besteht. Aus diesem Grunde sieht § 103 Abs. 2 Satz 2 vor, daß bis zur Errichtung der Anstalt die bestehenden überörtlichen Prüfungseinrichtungen ihre Tätigkeit fortsetzen.

6. Abschnitt

Gemeinsame Vorschriften zum 1. bis 5. Abschnitt

§ 104

(1) Geschäfte des bürgerlichen Rechtsverkehrs, die ohne die nach den Vorschriften der Abschnitte 1 bis 5 erforderliche Genehmigung der Aufsichtsbehörde abgeschlossen werden, sind unwirksam.

(2) Rechtsgeschäfte, die gegen das Verbot der §§ 73 und 79 verstoßen, sind nichtig.

Zu § 104: 1. Verschiedene Vorschriften des Gesetzes sehen vor, daß die Gemeinde zu Rechtsgeschäften oder Verwaltungshandlungen der Genehmigung der Aufsichtsbehörde bedarf. Soweit die Entschließung der Gemeinde rein auf öffentlichrechtlichem Gebiete liegt (z. B. Erlaß der Hauptsatzung — § 3

Abs. 2, Einführung des Anschlußzwangs oder Benutzungszwangs durch Satzung — § 18 Abs. 1), bedarf es keiner weiteren Ausführung darüber, daß sie bis zur Erteilung der Genehmigung der Aufsichtsbehörde unwirksam ist. Das gleiche gilt auch auf dem Gebiete des bürgerlichen Rechtsverkehrs. Im Interesse der Rechtssicherheit gibt jedoch § 104 Abs. 1 für die Rechtsgeschäfte, zu denen in den Vorschriften des Sechsten Teils die Genehmigung der Aufsichtsbehörde vorgeschrieben ist, noch die ausdrückliche Klarstellung, daß diese Geschäfte bis zur Erteilung der Genehmigung unwirksam sind.

Die Begrenzung des § 104 Abs. 1 auf die Rechtsgeschäfte, für die in den Vorschriften des Sechsten Teils der Deutschen Gemeindeordnung die Genehmigung der Aufsichtsbehörde vorgeschrieben ist, schafft für diese Rechtsgeschäfte eine gesetzliche Klarheit, besagt aber nicht, daß die übrigen Rechtsgeschäfte einer Gemeinde, für die in anderen Gesetzen die Genehmigung der Aufsichtsbehörde vorgeschrieben ist, auch ohne diese Genehmigung rechtswirksam sind. Diese Frage beurteilt sich vielmehr nach den einschlägigen Sondergesetzen.

2. Die Deutsche Gemeindeordnung gebraucht in einer Reihe von Vorschriften die Ausdrucksweise „Die Gemeinde darf . . . . ." oder „Die Gemeinde darf nicht . . . . .". Bei diesen Vorschriften handelt es sich um ein gesetzliches Verbot. Aus Gründen der Rechtssicherheit ist daher klarzustellen, ob die Verletzung dieses gesetzlichen Verbots die Folge der Nichtigkeit des Geschäfts nach sich zieht, wie es § 134 BGB. für die Fälle vorsieht, für die das Gesetz nichts anderes bestimmt. § 104 Abs. 2 schreibt vor, daß die Nichtigkeit in den Fällen der Verletzung der §§ 73 und 79 eintritt. Hinsichtlich der Geschäfte des § 73 bedarf dies keiner näheren Begründung. Für die Fälle des § 79 wird klargestellt, daß das gesetzliche Verbot des Satzes 1 dann nicht besteht, wenn und soweit die Aufsichtsbehörde Ausnahmen zugelassen hat.

Aus der ausdrücklichen Begrenzung des § 104 Abs. 2 auf die Fälle der §§ 73 und 79 ergibt sich, daß in den übrigen Fällen die Verletzung des gesetzlichen Verbots nicht die Nichtigkeit des Geschäfts als Folge nach sich zieht. In diesen Fällen handelt es sich demnach um Ordnungsvorschriften, deren Einhaltung aber eine gesetzliche Pflicht der Gemeinden im Sinne der §§ 1 und 106 ist. Auch binden sie die Aufsichtsbehörden und verpflichten sie, diesen Vorschriften Geltung zu verschaffen.

§ 105

(1) Der Reichsminister des Innern kann im Einvernehmen mit dem Reichsminister der Finanzen durch Verordnung Entschließungen, die nach den Vorschriften der Abschnitte 1 bis 5 der Genehmigung der Aufsichtsbehörde bedürfen, von der Genehmigung allgemein freistellen und dafür die vorherige Anzeige an die Aufsichtsbehörde vorschreiben.

(2) Der Reichsminister des Innern kann im Einvernehmen mit dem Reichsminister der Finanzen durch Verordnung die Wirtschaftsführung der Gemeinden näher regeln, namentlich

1. die Aufnahme von Darlehen und die Übernahme sonstiger Verpflichtungen im Sinne des § 78,
2. die Bildung von Rücklagen,
3. die Aufstellung und Ausführung des Haushaltsplans in Anlehnung an die Reichshaushaltsordnung,
4. die Nachweisungen und die Bewertung des Gemeindevermögens,
5. das Kassen- und Rechnungswesen,
6. das Rechnungsprüfungswesen.

Zu § 105: 1. Die weitere Entwicklung kann einzelne der in den Abschnitten 1—5 vorgesehenen Genehmigungsvorbehalte entbehrlich werden lassen. Deshalb ermächtigt § 105 Abs. 1 den Reichsminister des Innern, im Einvernehmen mit dem Reichsminister der Finanzen an Stelle solcher Genehmigungen lediglich eine vorherige Anzeigepflicht allgemein vorzuschreiben.

2. Die Deutsche Gemeindeordnung hat die Wirtschaftsführung der Gemeinden aus den Gründen, die bereits in dem allgemeinen Teil der Begründung angedeutet sind, nur in ihren Grundzügen geregelt. Der Vorteil einer solchen Regelung liegt sowohl in der besseren Übersichtlichkeit des Gesetzes als auch darin,

daß zahlreiche Fragen der gemeindlichen Wirtschaftsführung für die verschiedenen Gemeindearten und Gemeindegrößengruppen besonders geregelt werden und darüber hinaus elastisch gehalten werden müssen, so daß sich eine gesetzliche Regelung insoweit nicht empfiehlt. Es ist vielmehr zweckmäßig, diese Fragen der Regelung durch Verordnung zu überlassen. Die hierzu erforderlichen Ermächtigungen gibt der § 105 dem Reichsminister des Innern im Einvernehmen mit dem Reichsminister der Finanzen.

Dabei ist jedoch zu betonen, daß die Gemeindeordnung mit der Rahmenvorschrift des § 105 das Bedürfnis nach Erlaß näherer Durchführungsvorschriften aus den Gründen, die gleichfalls bereits im allgemeinen Teil der Begründung erwähnt sind, ausdrücklich bejaht, und daß beabsichtigt ist, von der im § 105 gegebenen Ermächtigung im Rahmen des Notwendigen alsbald Gebrauch zu machen.

Siebenter Teil
Aufsicht

§ 106

Der Staat beaufsichtigt die Gemeinde, um sicherzustellen, daß sie im Einklang mit den Gesetzen und den Zielen der Staatsführung verwaltet wird. Die Aufsicht soll so gehandhabt werden, daß die Entschlußkraft und Verantwortungsfreudigkeit der Gemeindeverwaltung gefördert und nicht beeinträchtigt wird.

Zu § 106: Die Vorschriften der §§ 106—116 regeln die Aufsicht des Staates über die Gemeinden. Schon in § 8 ist grundsatzmäßig der Wesenskern der Kommunalaufsicht umrissen; es kann hierauf und auf die eingehenden Ausführungen unter Ziff. 2 der allgemeinen Begründung über die Einordnung der Gemeinde in das Staatsganze verwiesen werden.

Die Vorschriften über die Gemeindeaufsicht sind in dem Siebenten Teil des Gesetzes nicht erschöpfend zusammengefaßt. Ein größerer Teil einschlägiger Vorschriften findet sich bei dem einzelnen Sachgegenstand. Es ist in erster Linie für die Praxis zweckmäßiger, wenn zusammengehörige Vorschriften bei dem einzelnen Gegenstand erscheinen.

Nicht näher geregelt ist in der Deutschen Gemeindeordnung die sogenannte Fachaufsicht, die sich aus dem Wesen der Auftragsangelegenheiten (§ 2 Abs. 3) ergibt. Das Wesen der Fachaufsicht, das die Deutsche Gemeindeordnung unberührt läßt, besteht darin, daß die Gemeinden als gesetzlich beauftragte Träger staatlicher Aufgaben den vorgesetzten Staatsbehörden wie nachgeordnete Dienststellen gegenüberstehen und deshalb den Anweisungen dieser Staatsbehörden wie Dienstbefehlen unterworfen sind. Das Gesetz muß davon absehen, die Befugnisse dieser vorgesetzten Staatsbehörden einheitlich zu regeln, weil Art und Umfang dieser Befugnisse nach dem inneren Wesen der einzelnen Auftragsangelegenheiten (z. B. Polizei, Schulwesen) zu verschiedenartig sind, als daß sie einer gleichmäßigen Regelung zugänglich wären. Nur nach einer Seite nimmt die Deutsche Gemeindeordnung zu Fragen der Fachaufsicht insofern Stellung, als durch § 114 auch den Fachaufsichtsbehörden (wie anderen Behörden und Stellen) untersagt wird, von den Zwangsmitteln der Staatsaufsicht, die in den §§ 108 ff. geregelt sind und nur den Kommunalaufsichtsbehörden zustehen, Gebrauch zu machen. Die Fachaufsichtsbehörden sind deshalb grundsätzlich gehalten, sich zur Durchsetzung erteilter Anweisungen im Zwangswege an die Kommunalaufsichtsbehörde zu wenden.

Wesen und Inhalt der Staatsaufsicht ergeben sich aus § 106. Danach hat die Aufsichtsbehörde die Gemeinden zu überwachen und dafür zu sorgen, daß die Gemeinde im Einklang mit den Gesetzen und mit den Zielen der Staatsführung verwaltet wird. In dem folgenden unmittelbar angefügten und deshalb für das Wesen der Aufsicht, so wie sie das Gesetz gehandhabt wissen will, bedeutsamen Satz wird den Aufsichtsbehörden ausdrücklich zur Pflicht gemacht, die Entschlußkraft und Verantwortungsfreudigkeit der Gemeindeverwaltung zu fördern und nicht zu beeinträchtigen. Dem Geiste des Gesetzes würde es demnach widersprechen, wenn die Aufsichtsbehörden in alle Einzelheiten der Gemeindeverwaltung hineinregieren und versuchen würden, auch in reinen Ermessensfragen ihre Auffassung stets durchzusetzen, oder wenn sie sich irgendwie von staatsfiskalischen oder, soweit die Landräte die Aufsicht führen, von kreisfiskalischen Gesichtspunkten bestimmen ließen. Das gleiche Ziel wie § 106 Satz 2 verfolgt auch

§ 8 Abs. 2, wo ausdrücklich den Aufsichtsbehörden zur Pflicht gemacht wird, die Gemeinden auch in ihren Rechten zu schützen. Diese Vorschrift bringt zum Ausdruck, daß die Aufsichtsbehörden nicht nur das Recht und die Pflicht haben, bei Mängeln und Verstößen einzuschreiten, sondern die überwachte Körperschaft auch zu betreuen, sie also zu fördern und in ihren Rechten zu schützen haben.

Auf dieser Grundlage rechtfertigt es sich andererseits, die Aufsichtsbehörden instand zu setzen, dem Gesamtinteresse durch schnelle, bestimmte und durchgreifende Maßnahmen dort Geltung zu verschaffen, wo klare Gesetzesverletzungen oder offenbare Mißbräuche der den Gemeinden eingeräumten Freiheit vorliegen.

Dementsprechend hat die Aufsichtsbehörde sicherzustellen, daß die Gemeinde

a) im Einklang mit den Gesetzen und

b) im Einklang mit den Zielen der Staatsführung

verwaltet wird.

Sie hat also dafür zu sorgen, daß die Gemeinde die Schranken des Gesetzes einhält und die ihr durch Gesetz auferlegten oder freiwillig übernommenen Pflichten erfüllt. Dabei handelt es sich grundsätzlich nur um öffentlichrechtliche Pflichten der Gemeinden. Die Wahrung des Einklanges der Gemeindeverwaltung mit den Zielen der Staatsführung bedeutet eine graduelle Ausweitung der Staatsaufsicht. Über Gründe, Sinn und Zweck dieser Regelung sind eingehende Ausführungen unter Ziff. 2 der allgemeinen Begründung gemacht.

Es ist davon abgesehen worden, die Überwachung der Gemeinden, ähnlich wie es das Preußische Gemeindeverfassungsgesetz tut, auch auf die Wirtschaftlichkeit, Sparsamkeit und Sauberkeit ihrer Verwaltungsführung abzustellen. Die Wirtschaftlichkeit und Sparsamkeit der Gemeindeverwaltung wird durch die Vorschriften über die Wirtschaftsführung der Gemeinden so fest geordnet, daß den Aufsichtsbehörden genügend gesetzliche Handhaben geboten sind, um Mängeln und Verstößen entgegenzutreten. Die Sauberkeit der Verwaltung ist ein so selbstverständlicher Grundsatz des neuen Staates, daß unlauteres Gebaren mit den Mitteln des Dienststrafrechts rücksichtslos geahndet werden kann. In sachlich und politisch schwerwiegenden Fällen bedeutet zudem eine Verletzung der Grundsätze der Wirtschaftlichkeit, Sparsamkeit und Sauberkeit einen Verstoß gegen die Ziele der Staatsführung.

§ 107

Oberste Aufsichtsbehörde ist der Reichsminister des Innern. Er bestimmt durch Verordnung, welche Behörden obere Aufsichtsbehörden und Aufsichtsbehörden sind.

Zu § 107: Zu § 8 ist bereits ausgeführt worden, daß der Übergang der obersten Kommunalaufsicht auf das Reich auf Grund der Vereinheitlichung des Gemeinderechts und im Zuge des Neuaufbaues des Reichs unerläßlich ist.

Das Gesetz räumt die oberste Kommunalaufsicht dem Reichsminister des Innern ein und ermächtigt ihn, im Verordnungswege zu bestimmen, welche Behörden obere Aufsichtsbehörden und Aufsichtsbehörden sind. Die endgültige Regelung wird erst dann möglich sein, wenn im Zuge der Reichsreform die endgültige Behördengliederung feststeht. Bis dahin werden die bisher nach Landesrecht zuständigen Aufsichtsbehörden als obere Aufsichtsbehörden und Aufsichtsbehörden bestimmt werden.

§ 108

Die Aufsichtsbehörde kann sich jederzeit über alle Angelegenheiten der Gemeinde unterrichten; sie kann an Ort und Stelle prüfen und besichtigen, mündliche und schriftliche Berichte einfordern sowie Akten und sonstige Unterlagen einsehen.

Zu § 108: Die Vorschrift räumt der Aufsichtsbehörde das Informationsrecht ein, das ihr von jeher zustand. Seine Notwendigkeit braucht nicht näher begründet zu werden. Als selbstverständlich ist im Gesetz nicht ausdrücklich ausgesprochen, daß die Aufsichtsbehörde auch an allen Beratungen des Bürgermeisters und seiner Vertreter mit den Gemeinderäten und Beiräten teilnehmen kann; dies gehört zum Wesen des staatsaufsichtlichen Informationsrechts.

§ 109

Die Aufsichtsbehörde kann Entschließungen und Anordnungen des Bürgermeisters, die das bestehende Recht verletzen oder den Zielen der Staatsführung zuwiderlaufen, aufheben und verlangen, daß Maßnahmen, die auf Grund derartiger Entschließungen oder Anordnungen getroffen worden sind, rückgängig gemacht werden.

Zu § 109: Die Vorschrift regelt die sogenannte negative Staatsaufsicht oder — nach früherer Ausdrucksweise — das Beanstandungsrecht der Aufsichtsbehörde.

Das Aufsichtsmittel des § 109 richtet sich gegen Entschließungen und Anordnungen des Bürgermeisters. Ihnen stehen solche gleich, die in Vertretung oder im Auftrage des Bürgermeisters von anderen Beamten getroffen worden sind. Entschließungen sind auch solche, die ihrem Inhalt nach nicht ausführbar sind, die also eine bloße Meinungsäußerung enthalten oder lediglich eine Rechtsauffassung ausdrücken, sowie rein negative Entschließungen.

Für den Einsatz des Aufsichtsmittels des § 109 ist Voraussetzung, daß die Entschließung oder Anordnung entweder das bestehende Recht verletzt oder den Zielen der Staatsführung zuwider läuft. Wegen der Abgrenzung dieser Begriffe wird auf die Ausführung zu § 106 verwiesen. Es wird ausdrücklich bemerkt, daß das Aufsichtsmittel des § 109 weiter greift als das sogenannte positive Aufsichtsmittel des § 110, insofern als das letztere auf die Erfüllung einer der Gemeinde gesetzlich obliegenden Verpflichtung beschränkt ist.

§ 110

Unterläßt es der Bürgermeister, Entschließungen zu fassen oder Anordnungen zu treffen, die zur Erfüllung einer der Gemeinde gesetzlich obliegenden Verpflichtung erforderlich sind, so kann die Aufsichtsbehörde anordnen, daß er innerhalb einer bestimmten Frist das Erforderliche veranlaßt. Sie hat

dabei den Inhalt der Entschließung oder Anordnung im einzelnen zu bezeichnen.

Zu § 110: Aus den Ausführungen zu § 109 ergibt sich, daß das im § 110 geregelte sogenannte positive Aufsichtsmittel enger umgrenzt ist als das im § 109 vorgesehene Beanstandungsrecht. Es kommt nicht in Betracht, wenn es sich darum handelt, eine Entschließung oder Anordnung des Bürgermeisters herbeizuführen, die im Hinblick auf die Ziele der Staatsführung geboten wäre, sondern nur dann, wenn die Entschließung oder Anordnung zur Erfüllung einer der Gemeinde gesetzlich obliegenden Verpflichtung erforderlich ist.

Der Begriff der gesetzlichen Verpflichtungen der Gemeinde ist nicht näher abgegrenzt. Dazu gehören alle Verpflichtungen, die auf einer gültigen Rechtsnorm beruhen. Nicht hierher gehören die rein bürgerlichrechtlichen Verpflichtungen der Gemeinde, deren Durchsetzung (vgl. § 116) das Gesetz dem in der ZPO. geregelten Verfahren überläßt.

Das Gesetz schreibt für den Eingriff der Aufsichtsbehörde ein bestimmtes Verfahren vor:

a) wie sich aus der Fassung des § 113 („Zustellung") ergibt, muß das Verlangen der Aufsichtsbehörde schriftlich gestellt werden;
b) die Aufsichtsbehörde muß dem Bürgermeister eine bestimmte Frist für die Durchführung des aufsichtlichen Verlangens stellen;
c) die Aufsichtsbehörde hat in der schriftlichen Verfügung den Inhalt der verlangten Entschließung oder Anordnung im einzelnen zu bezeichnen. Die Bezeichnung muß inhaltlich so eindeutig sein, daß die Entschließung oder Anordnung vom Bürgermeister ohne weiteres verwirklicht werden kann.

Unter diese Vorschrift fällt insbesondere das sogenannte Zwangsetatisierungsrecht der Aufsichtsbehörde, d. h. die Befugnis zur Durchsetzung einer der Gemeinde gesetzlich obliegenden Verpflichtung einen Betrag in den Haushaltsplan einzustellen oder, falls die Gemeinde es überhaupt unterläßt, eine geordnete Haushaltssatzung aufzustellen, diese Haushaltssatzung (einschließlich des Haushaltsplans) von Aufsichts wegen aufzustellen und zu erlassen.

§ 111

Die Aufsichtsbehörde kann Anordnungen nach §§ 108 bis 110 an Stelle und auf Kosten der Gemeinde selbst durchführen oder die Durchführung einem Dritten übertragen.

Zu § 111: Die Vorschrift stellt klar, daß sich die Gemeinde, deren Wirken nicht im Einklang mit den Gesetzen und den Zielen der Staatsführung steht, ihres Selbstbestimmungsrechts begibt, wenn sie dem gesetzlich begründeten und ordnungsmäßig gestellten aufsichtlichen Verlangen nach den §§ 108—110 nicht genügt. Die Aufsichtsbehörde kann danach an Stelle und auf Kosten der Gemeinde die zur Wiederherstellung des vom Gesetz vorgeschriebenen Zustandes erforderlichen Anordnungen entweder selbst bewirken oder durch einen Dritten durchführen lassen. Bei dieser Ersatzvornahme können je nach Erfordernis alle Abstufungen des aufsichtlichen Vorgehens in Betracht kommen. Die Aufsichtsbehörde kann danach jede erforderliche rechtserhebliche Erklärung abgeben, jedes Recht der Gemeinde, und zwar sowohl auf dem Gebiete des öffentlichen wie des Privatrechts, mit voller Rechtswirkung für die Gemeinde und Dritte ausüben.

§ 112

Wenn und solange der geordnete Gang der Verwaltung der Gemeinde es erfordert und die Befugnisse der Aufsichtsbehörde nach §§ 109 bis 111 nicht ausreichen, kann die Aufsichtsbehörde einen Beauftragten bestellen, der alle oder einzelne Aufgaben der Gemeinde auf ihre Kosten wahrnimmt.

Zu § 112: Das schärfste Mittel der Staatsaufsicht und der schwerste Eingriff in die Selbstverwaltung einer Gemeinde ist die Bestellung eines Beauftragten zur Wahrnehmung aller oder einzelner Befugnisse der Gemeinde. Es ist deshalb der Einsatz dieses Mittels davon abhängig gemacht, daß der geordnete Gang der Verwaltung es erfordert und die der Aufsichtsbehörde nach den §§ 109—111 eingeräumten Befugnisse zur Sicherung des geordneten Gangs der Verwaltung nicht ausreichen. Es müssen also schwere Erschütterungen des Gemeindelebens zu befürchten sein, wenn für die Aufsichtsbehörde ein hinreichender Anlaß bestehen soll, durch Einsetzung eines Staatskommissars das Selbstbestimmungsrecht der Gemeinde in weitem Umfange oder ganz auf einen Staatskommissar zu übertragen.

Die Einsetzung von Staatskommissaren ist bisher in den Gemeindeordnungen der einzelnen Länder nicht durchweg vorgesehen. Nach dem Grundgedanken des Gesetzes über die Einordnung der Gemeinden in das Staatsganze muß aber der letzte und rückhaltlose Einsatz staatlicher Machtmittel möglich sein, falls es im Gesamtinteresse geboten ist.

§ 113

(1) Die Gemeinde kann gegen Anordnungen der Aufsichtsbehörde binnen zwei Wochen nach Zustellung Beschwerde erheben. Über die Beschwerde entscheidet die nächsthöhere Aufsichtsbehörde endgültig.

(2) Die Beschwerde hat aufschiebende Wirkung, es sei denn, daß die Anordnung ohne Nachteil für das öffentliche Wohl nicht ausgesetzt werden kann. Dies ist in der Anordnung festzustellen.

Zu § 113: Die Vorschrift des § 113 stellt eine grundsätzliche Abkehr von dem in der Vergangenheit der Selbstverwaltung der Gemeinden eingeräumten weitgehenden verwaltungsgerichtlichen Schutz dar. Über die Gründe hierfür kann auf die allgemeine Begründung unter Ziff. 2 verwiesen werden. An Stelle der Klage im verwaltungsgerichtlichen Verfahren räumt nunmehr das Gesetz der Gemeinde das Recht der Beschwerde an die nächsthöhere Aufsichtsbehörde ein. Materiell kann diese Beschwerde im wesentlichen nur auf den gleichen Grund wie die frühere Klage gestützt werden, nämlich darauf, daß die Aufsichtsbehörde in ihrem Verlangen gegenüber der Gemeinde weiter gegangen sei, als es das Gesetz zuläßt.

Über die Beschwerde entscheidet die nächsthöhere Aufsichtsbehörde. Die Beschwerde hat grundsätzlich aufschiebende Wirkung. Die Aufsichtsbehörde soll, wie sich aus der Fassung des § 113 Abs. 2 ergibt, nur ausnahmsweise die aufschiebende Wirkung dann ausschließen, wenn ganz besondere Gründe vorliegen, die entweder im Interesse des Gemeinwohls oder aus Gründen der Staatsautorität eine sofortige Durchsetzung eines aufsichtlichen Verlangens erfordern.

Es wird einer Durchführungsverordnung vorbehalten vorzuschreiben, daß die Entscheidung der Beschwerde mit Gründen zu versehen ist. Außerdem wird für das Verfahren vorgeschrieben werden, daß der Gemeinde jede Möglichkeit einer erschöpfenden, auch mündlichen Begründung ihres eigenen Verhaltens eröffnet werden muß.

§ 114

Andere Behörden und Stellen als die Aufsichtsbehörden (§ 107) sind zu Eingriffen in die Gemeindeverwaltung nach §§ 108 ff. nicht befugt.

Zu § 114: Es bestand Anlaß ausdrücklich vorzuschreiben, daß die Mittel der Staatsaufsicht, wie sie in den §§ 108 ff. vorgesehen sind, nur den Aufsichtsbehörden, nicht auch anderen Behörden und Stellen zustehen. Dies war vor allem notwendig, um die Einheit der Kommunalaufsicht, auf deren Sicherung das Gesetz großen Wert legt, zu gewährleisten. Ist es z. B. geboten, gesetzlich begründete Weisungen anderer Behörden zwangsweise durchzusetzen, so haben sich diese an die zuständige Aufsichtsbehörde zu wenden.

§ 115

(1) Ansprüche der Gemeinde gegen den Bürgermeister werden von der Aufsichtsbehörde geltend gemacht. Die Kosten der Rechtsverfolgung trägt die Gemeinde.

(2) Verträge des Bürgermeisters mit der Gemeinde bedürfen der Genehmigung der Aufsichtsbehörde, es sei denn, daß es sich um Verträge nach feststehendem Tarif handelt. § 104 Abs. 1 gilt entsprechend.

Zu § 115: 1. Zur Vermeidung einer Interessenkollision und zur Sicherung der Interessen der Gemeinde wird durch den Abs. 1 vorgeschrieben, daß Ansprüche der Gemeinde gegen den

Bürgermeister nicht von der Gemeinde selbst, sondern von der Aufsichtsbehörde geltend zu machen sind. Dies bedeutet, daß außer der Aufsichtsbehörde niemand die Aktivlegitimation zur Geltendmachung solcher Ansprüche besitzt. Die Art der hierunter fallenden Ansprüche umgrenzt das Gesetz absichtlich nicht. Es fallen hierunter nicht nur auf bürgerlichem Recht beruhende Ansprüche, sondern auch die sich aus der Haftung des Bürgermeisters nach dem Reichsbeamtengesetz und nach der Vorschrift des § 92 der Gemeindeordnung ergebenden Haftungsverpflichtungen.

2. Die Vorschrift des Abs. 2 hat ihren Grund in ähnlichen Erwägungen. Das Treueverhältnis des Bürgermeisters zur Gemeinde, die absolute Lauterkeit vertraglicher Regelungen zwischen dem Bürgermeister und der Gemeinde soll dadurch vor der öffentlichen Kritik den erforderlichen Schutz erhalten, daß all diese Verträge der Genehmigung der Aufsichtsbehörde unterliegen und ohne diese Genehmigung rechtsunwirksam sind. Eine Ausnahme hiervon ist nur für solche Verträge veranlaßt, die nach allgemeinem Tarif (z. B. für den Bezug von elektrischem Strom, von Gas, von Wasser usw.) abgeschlossen werden. Soll im Rahmen des Tarifs von einer individualisierenden Bestimmung Gebrauch gemacht werden, so gilt auch hierfür die Genehmigungspflicht.

§ 116

(1) Zur Einleitung der Zwangsvollstreckung gegen die Gemeinde wegen einer Geldforderung bedarf der Gläubiger einer Zulassungsverfügung der Aufsichtsbehörde, es sei denn, daß es sich um die Verfolgung dinglicher Rechte handelt. In der Verfügung hat die Aufsichtsbehörde die Vermögensgegenstände zu bestimmen, in die die Zwangsvollstreckung zugelassen wird, und über den Zeitpunkt zu befinden, in dem sie stattfinden soll. Die Durchführung der Zwangsvollstreckung regelt sich nach den Vorschriften der Zivilprozeßordnung.

(2) Ein Konkursverfahren über das Vermögen der Gemeinde findet nicht statt.

Zu § 116: Im Gegensatz zur Regelung in einzelnen Ländern, nach der die Zwangsvollstreckung gegen die Gemeinden wegen Geldforderungen (soweit es sich nicht um dingliche Rechte handelt) den Aufsichtsbehörden obliegt, stellt sich das Gesetz auf den Standpunkt, den das Preußische Gesetz über die Zwangsvollstreckung gegen juristische Personen des öffentlichen Rechts vom 11. 12. 1934 einnimmt. Hiernach richtet sich die Zwangsvollstreckung gegen die Gemeinden im allgemeinen nach den Vorschriften der Zivilprozeßordnung. Es ist lediglich vorgesehen, daß die Durchführung der Zwangsvollstreckung von einer Zulassungsverfügung der Aufsichtsbehörde abhängig ist. In dieser Verfügung sind auch die Vermögensgegenstände zu bestimmen, in die die Zwangsvollstreckung zugelassen wird, und ist über den Zeitpunkt zu befinden, in dem sie stattfinden soll. Hierdurch kann der geordnete Gang der Verwaltung sichergestellt werden, ohne daß der Gläubiger mit seiner Forderung auf einen anderen Weg als auf den für bürgerlichrechtliche Ansprüche allgemein eröffneten verwiesen, und ohne daß die Aufsichtsbehörde mit der eigentlichen Zwangsvollstreckung belastet zu werden braucht.

Achter Teil
Schlußvorschriften

§ 117

(1) Der Reichsminister des Innern kann durch Verordnung Aufgaben, die dem Reichsstatthalter nach den §§ 9 bis 11, 15 dieses Gesetzes zustehen, auf nachgeordnete Behörden übertragen.

(2) Ist der Reichsstatthalter nicht zugleich örtlich zuständiger Gauleiter der NSDAP., so ist in dem Falle des § 45 Abs. 1 neben dem Reichsstatthalter auch der Gauleiter zu hören. Unter der gleichen Voraussetzung hat der Reichsstatthalter in den Fällen des § 45 Abs. 1 und des § 54 letzter Halbsatz im Einvernehmen mit dem Gauleiter zu handeln; kommt

kein Einvernehmen zustande, so entscheidet der Reichsminister des Innern.

(³) Die Aufgaben des Reichsstatthalters nimmt in Preußen der Oberpräsident, in den Hohenzollerischen Landen der Regierungspräsident wahr. Absätze 1 und 2 gelten entsprechend.

Zu § 117: Die Vorschriften der §§ 117 bis 121 enthalten in der Hauptsache die erforderlichen Ermächtigungen an den Reichsminister des Innern, um den gegenwärtigen Rechtszustand an die durch die Deutsche Gemeindeordnung geschaffene Rechtslage anzugleichen und insbesondere für die Übergangszeit die notwendigen Regelungen — auch unter Abweichung von den Vorschriften der Gemeindeordnung (zu vgl. § 121 Abs. 1 Satz 2) — zu treffen.

1. Die Vorschrift des § 117 Abs. 1 soll sicherstellen, daß der Grundsatz der Dezentralisation der Verwaltung, der Anlaß gegeben hat, die Befugnisse nach den §§ 9 bis 11, 15 von der obersten Kommunalaufsichtsbehörde auf den Reichsstatthalter zu übertragen, auch nach unten weiterverfolgt wird. Es erscheint nicht erforderlich, daß z. B. geringfügige Grenzänderungen der Gemeinden auf dem Dienstwege bis zum Reichsstatthalter von einer Reihe von Behörden behandelt werden. Durch Verordnung wird der Kreis der nach unten abzugebenden Aufgaben bestimmt, näher umgrenzt und die Zuständigkeit der an die Stelle des Reichsstatthalters tretenden Behörden geregelt werden.

2. Durch Abs. 2 wird bestimmt, daß dort, wo das Amt des Reichsstatthalters nicht vom Gauleiter der NSDAP. wahrgenommen wird, sowie dort, wo im Verwaltungsbezirk eines Reichsstatthalters mehrere Gauleiter der NSDAP. bestellt sind, bei dem überwiegend politischen Charakter der hier in Frage stehenden Aufgaben jeweils auch der örtlich zuständige Gauleiter der NSDAP. miteingeschaltet wird. Die Vorschrift hat Übergangscharakter, weil damit zu rechnen ist, daß in der künftigen Behördengliederung des Reichs das Amt des Reichsstatthalters und des Gauleiters von einem Amtsträger wahrgenommen wird.

3. Die Vorschrift des Abs. 3 ist erforderlich, weil für das Land Preußen mit Rücksicht auf seine Größe eine einheitliche Aus-

übung der dem Reichsstatthalter übertragenen Aufgaben nicht möglich ist. Diese Aufgaben sind deshalb den Oberpräsidenten übertragen, die, abgestellt auf die hier in Frage kommenden Aufgaben, im Behördenaufbau die gleiche Stellung einnehmen wie die Reichsstatthalter.

§ 118

Der Stellvertreter des Führers bestimmt, wer Beauftragter der NSDAP. im Sinne dieses Gesetzes ist.

Zu § 118: Es ist Sache der Partei, die nähere Regelung darüber zu treffen, wer Beauftragter der NSDAP. im Sinne der Gemeindeordnung ist. Die Regelung erfolgt durch eine Verordnung des Stellvertreters des Führers. Da die Aufgaben, die das Gesetz dem Beauftragten der NSDAP. überträgt, in der Hauptsache politischer Natur sind, ist daran gedacht, zum Beauftragten den politischen Hoheitsträger der Partei zu bestimmen, der auf der Höhe der Kommunalaufsichtsbehörde die parteiamtlichen Funktionen wahrnimmt.

§ 119

Der Reichsminister des Innern kann durch Verordnung

1. für einzelne Gemeinden die Aufrechterhaltung des bisherigen Rechtszustandes auf eine befristete Übergangszeit anordnen,
2. für gemeindefreie Grundstücke (Gutsbezirke) Vorschriften erlassen,
3. an Stelle der Amtsbezeichnungen Bürgermeister, Beigeordneter und Gemeinderat für Gemeinden, die nicht Städte sind, andere herkömmliche Amtsbezeichnungen vorschreiben,
4. den Ablauf der Amtszeit der bisherigen ehrenamtlichen Gemeindeorgane regeln, an deren Stelle die Gemeinderäte treten,
5. die Vorschriften des Reichs- und Landesrechts

bezeichnen, die durch dieses Gesetz außer Kraft gesetzt werden,

6. die weitergeltenden Vorschriften des Reichs- und Landesrechts an den neuen Rechtszustand angleichen und in neuer Fassung und Ordnung bekanntmachen.

Zu § 119: Die Vorschrift räumt dem Reichsminister des Innern eine weitgehende Ermächtigung zum Angleich des bisherigen Rechtszustandes und der nach den bisherigen Gesetzen eingerichteten Verwaltung der Gemeinden an die einheitliche Neuregelung ein.

1. Der Reichsminister des Innern kann für einzelne Gemeinden auf eine befristete Übergangszeit den bisherigen Rechtszustand aufrechterhalten. Es ist beabsichtigt, von dieser Ermächtigung für die drei Hansestädte — und nur für diese — Gebrauch zu machen, bis die künftige Einordnung dieser nach wie vor als Länder fungierenden Städte in die Neugliederung des Reichs festliegt.

2. § 12 Abs. 2 bestimmt, daß aus besonderen Gründen Grundstücke außerhalb des Gebiets einer Gemeinde verbleiben können; ebenso können nach § 13 Gemeinden oder Gemeindeteile zu gemeindefreien Grundstücken erklärt werden. Bei dem Ausnahmecharakter der gemeindefreien Grundstücke unterläßt es die Deutsche Gemeindeordnung, die weitere Frage näher zu regeln, durch wen und auf welchem Wege die öffentlichen Aufgaben, die im Gemeindegebiet der Gemeinde obliegen, wahrgenommen werden sollen. Deshalb ist es erforderlich, durch eine Verordnung die näheren Vorschriften hierüber zu treffen. In der Hauptsache wird es bei der Aufrechterhaltung der bisher geltenden Bestimmungen verbleiben.

3. § 119 Nr. 3 schafft die Möglichkeit, für Gemeinden, die nicht Städte sind, herkömmliche Amtsbezeichnungen an Stelle der Amtsbezeichnungen „Bürgermeister, Beigeordneter oder Gemeinderat" beizubehalten.

4. Auf Grund der Gleichschaltungsgesetze, des Gesetzes zur Wiederherstellung des Berufsbeamtentums und der seit der Machtübernahme in den einzelnen Ländern ergangenen Änderungen des Gemeinderechts ist eine völlige Erneuerung der Ge-

meindeverwaltungen in ihrer personellen Besetzung durchgeführt worden. Bei der Vielzahl der Gemeinden (über 50000) und bei der Notwendigkeit, die Stetigkeit der Verwaltung nicht ohne zwingenden Grund zu beeinträchtigen, wird deshalb davon abgesehen, die Neubesetzung der Stellen der Gemeinden mit dem Inkrafttreten der Deutschen Gemeindeordnung in vollem Umfange anzuordnen. Nur insoweit, als die bisherigen ehrenamtlichen Organe der Gemeindeverwaltung durch die Vorschriften der Deutschen Gemeindeordnung eine Änderung ihres Wesens erfahren, erscheint es unerläßlich, den Ablauf der Amtszeit dieser ehrenamtlichen Gemeindeorgane und ihre Neubesetzung zu ermöglichen.

5. In den Nummern 4 und 5 des § 119 wird der Reichsminister des Innern ermächtigt, den gegenwärtigen Rechtszustand an die Neuregelung des Gemeindewesens allgemein anzupassen. Hierdurch ist Vorsorge getroffen, daß die Erfordernisse der Rechtseinheit mit der Rücksichtnahme auf berechtigte Bodenständigkeit abgewogen werden können. Zur Klarstellung wird beigefügt, daß die Ermächtigung des Reichsministers des Innern zur Angleichung des gegenwärtigen Rechtszustandes an die Vorschriften der Deutschen Gemeindeordnung nicht etwa eine einmalige und nach Erlaß der Verordnung abgeschlossene ist. Die Anpassung des Reichs- und Landesrechts an den neuen Rechtszustand kann vielmehr stufenweise erfolgen.

§ 120

Der Reichsminister des Innern kann im Einvernehmen mit den beteiligten Reichsministern und nach Benehmen mit der obersten Landesbehörde durch Verordnung den Zusammenschluß kreisangehöriger Gemeinden, auch in einzelnen Teilen des Reiches, zu engeren Gemeindeverbänden regeln, ihnen Aufgaben der Gemeinden übertragen und die Rechtsverhältnisse dieser Verbände ordnen. Er kann ferner im Verordnungswege für mehrere kreisangehörige Gemeinden Gemeinschaftseinrichtungen vorschreiben, die einen geordneten Gang der Verwaltung gewährleisten.

Zu § 120 kann auf Ziffer 4 der allgemeinen Begründung verwiesen werden.

§ 121

(1) Der Reichsminister des Innern kann zur Durchführung des Gesetzes Rechtsvorschriften und Verwaltungsvorschriften erlassen. Er kann Übergangsvorschriften treffen, die von diesem Gesetz abweichen.

(2) Vorschriften über die Wirtschaftsführung der Gemeinden (§ 105) sind im Einvernehmen mit dem Reichsminister der Finanzen zu erlassen.

Zu § 121: Abs. 1 enthält die Ermächtigung an den Reichsminister des Innern, der als oberste Kommunalaufsichtsbehörde zum Vollzuge des Gesetzes zuständig ist, zum Erlaß von Rechts- und Verwaltungsvorschriften zur Durchführung und Ausführung des Gesetzes. Satz 2 enthält darüber hinaus die Ermächtigung, übergangsweise von Vorschriften der Deutschen Gemeindeordnung abzuweichen. Es läßt sich augenblicklich nicht übersehen, ob es nicht notwendig ist, besonderen Eigenheiten der landesrechtlichen Regelung auch dort, wo eine dauernde Aufrechterhaltung im Interesse der Rechtseinheit nicht erwünscht ist, dadurch Rechnung zu tragen, daß bestehende Verhältnisse in natürlicher Weise abgebaut werden.

Abs. 2 sieht vor, daß der Reichsminister der Finanzen bei der verordnungsmäßigen Regelung der Wirtschaftsführung der Gemeinden stets beteiligt wird. Bei der unlöslichen Verbundenheit der Finanzen des Reichs mit den Finanzen seiner Gliedkörperschaften ist es unerläßlich, daß die für die Gemeinden geplanten Vorschriften im Einvernehmen mit dem Reichsminister der Finanzen ergehen, um auch hierdurch möglichste Gleichrichtung im Reich und in den Gemeinden zu sichern.

§ 122

Dieses Gesetz gilt nicht für die Hauptstadt Berlin.

Zu § 122: Größe und Struktur der Hauptstadt Berlin verlangen eine Sonderregelung ihrer Verfassung und Verwaltung. Die Bedeutung der Regelung gebietet, daß sie im Wege des Gesetzes ergeht.

§ 123

Dieses Gesetz tritt am 1. April 1935 in Kraft.

Berlin, den 30. Januar 1935.

Der Führer und Reichskanzler
Adolf Hitler

Der Reichsminister des Innern
Frick.

Stichwörterverzeichnis.

(Die beigefügten Zahlen bezeichnen die Seiten).

F.

O.

P.

R.

T.

U.

V.

Kolibri 360 GmbH
Ferdinand-Jühlke-Straße 7
99095 Erfurt, Deutschland
produktsicherheit@kolibri360.de